4·16구술증언록 단원고 2학년 4반 제5권

그날을 말하다

차웅 엄마 김연실

이 도서의 국립중앙도서관 출판예정도서목록(CIP)은 서지정보유통지원시스템 홈페이지(http://seoji.nl.go.kr)와
국가자료공동목록시스템(http://www.nl.go.kr/kolisnet)에서 이용하실 수 있습니다.
CIP제어번호: CIP2019009412

4·16구술증언록 단원고 2학년 4반 제5권

그날을 말하다

차웅 엄마 김연실

4·16기억저장소 기획 편집
(사) 4·16세월호참사가족협의회 지원 협조

한울

일러두기

1. 음절로 식별 가능한 소리를 들리는 대로 전사하는 것을 원칙으로 한다.

2. 의미를 파악하기 위해 추가 설명이 필요할 경우 [ ]로 표시한다.

3. 몸짓, 어조 등 비언어적 행위는 ( )로 표시한다.

4. 구술자가 말을 잇지 못해 말줄임표를 사용하는 경우 ……, …로 길고 짧음을 표시한다.

5. 비공개 영역은 〈비공개〉로 표시한다.

6. 비공개해야 하는 희생자 형제자매의 이름은 ○○, △△ 등의 도형기호로, 생존자의 이름은 A, B, C 등 알파벳 대문자로 표시한다.

7. 비공개해야 하는 제3자는 직분이나 소속, 성만 공개하고, 이름은 ××로 표시한다. 비공개해야 하는 숫자는 자릿수에 상관없이 □로 표시하며, 지명은 □□로 표시한다.

4·16기억저장소에서는 세월호 참사 5주기를 맞아 구술증언 수집 사업의 결과물 일부를 100권의 책으로 발간하게 되었습니다. 이 사업은 2015년 6월부터 다양한 학문 분야 구술 연구자들의 자발적인 참여로 진행되어 왔으며, 세월호 참사를 좀 더 정확하고 다각적으로 기록하고 기억하고자 하는 노력의 일환으로 수행되었습니다.

2014년 참사 발생 이후, 참사 피해자들의 목격담과 경험은 안타깝게도 공식적인 국가기관과 언론의 기록 속에서 철저히 소외되거나 왜곡되었습니다. 그것은 세월호 참사가 우리에게 안긴 죽음과 고통의 충격만큼이나 우리 사회의 끔찍한 비극이었습니다. 따라서 사업을 진행하면서 세월호 참사 희생자 가족, 생존자, 생존자 가족, 어민, 잠수사, 활동가, 기자 등등, 참사의 초기 과정을 직접 경험한 분들의 증언을 우선적으로 수집했습니다. 구술자는 이 사업의 취

지와 방식에 개인적으로 동의한 분 중에서 선정했으며, 참여 과정에 어떠한 금전적 보상이나 이익이 제공되지 않았습니다. 또한 구술증언 수집 사업을 진행하는 동안, 면담자는 연구자이자 참사를 겪은 공동체 시민으로서 최대한 윤리적이고자 노력했습니다.

구술자마다 매회 약 2시간씩 3회를 원칙으로 음성 녹취와 영상 촬영을 하는 방식으로 진행되었고, 증언의 일관성을 확보하기 위해 면담자는 큰 틀에서 공통 질문지를 사용했습니다. 공통 질문지의 내용은 참사와 구술자 간의 관계성에 따라 차이가 있지만, 유가족 구술의 경우 1회차 '참사 이전의 삶, 팽목항과 진도에서의 경험, 자녀에 대한 기억'을, 2회차 '참사 이후 투쟁과 공동체 활동 경험'을, 3회차 '참사 이후 개인 및 가족이 경험한 삶의 변화와 깨달음, 자녀의 현재적 의미'를 중심으로 했습니다. 이처럼 증언 내용은 참사 이전에서 시작해 참사 발생 당시의 경험과 이후의 변화 과정까지 폭넓게 수집했고, 면담자는 구술 채록 과정에서 구술자의 발화를 최대한 존중하고자 했으며, 무엇보다 각자의 특수한 경험과 다른 시각을 충실히 반영하고자 했습니다.

이 구술증언록의 발간을 위해, 채록된 음성 자료는 문서로 변환해 구술자와 함께 검토했고, 현재 시점에서 공개할 수 있는 영역과 할 수 없는 영역으로 구별했습니다. 따라서 책에 실린 내용은 모두 구술자로부터 공개를 허락받은 부분입니다. 비공개 영역은 추후 구술자의 동의를 받아 적절한 절차를 거쳐 추가로 공개될 수 있으리라 생각합니다.

이 구술증언록 100권에는 그동안 우리 사회에 왜곡되어 알려지거나 잘 알려지지 않았던, 참사 발생 직후 팽목항과 진도 혹은 바다에서의 초기 상황에 관한 중요한 증언이 포함되어 있습니다. 또한, 자녀를 잃는 잔인하고 애통한 상황을 겪으면서도 그 누구보다 강인한 정치적 주체로 성장할 수밖에 없었던 유가족의 마음과 경험을 구체적으로, 그리고 여러 각도에서 살펴볼 수 있습니다. 그 외에도, 이 구술증언록은 2014년을 전후한 한국 사회의 여러 측면을 드러내는 귀중한 자료가 되리라고 생각합니다. 무엇보다 국내외의 많은 분이 이 책을 읽어, 장차 세월호 참사의 진상 규명과 역사 서술에 기여할 수 있기를 바랍니다.

구술증언 수집 사업이 진행되고, 책으로 출간되기까지 많은 분의 도움과 지지가 있었습니다. 이 지면을 빌려 부족하나마 감사의 말씀을 전하고자 합니다.

먼저 (사)4·16세월호참사가족협의회와 4·16기억저장소에 감사를 드립니다. 이분들의 신뢰와 적극적인 협조가 없었다면, 이 사업은 처음부터 시작할 수조차 없었을 것입니다. 또한 어려운 정치 환경 속에서도 사업의 취지에 공감해 재정 지원을 결정해 준 아름다운가게와 역사문제연구소에 감사드립니다. 두 단체 덕분에, 이 사업을 4년 동안 계속해 올 수 있었습니다. 그리고 구술증언록 100권의 발간에 동의하고, 바쁜 일정에도 출판 실무를 기꺼이 맡아주신 한울엠플러스(주)에도 감사를 드립니다. 이 외에도 많은 개인과 단체가 직간접적으로 많은 도움을 주시고 격려해 주셨습니다. 여기에 모두 밝히지 못하는 것을 죄송하게 생각합니다.

　말할 필요도 없이, 가장 크고 또 가슴 아픈 감사는 구술자 한 분 한 분께 드리고자 합니다. 이 책이 발간될 수 있었던 것은, 무엇보다 용기를 내어 아픔과 고통의 기억을 다시 떠올리고 장시간 진심으로 이야기를 해주신 구술자가 있었기 때문입니다. 오랜 시간 이야기를 나누며 함께 공감하기도 했지만, 그 아픔과 고통을 어떻게 가늠할 수 있을까 싶습니다. 더 큰 도움이 되지 못함을 안타까워하며, 이 구술증언록 100권의 발간이 피해자분들에게 조금이라도 위로가 될 수 있기를 기원합니다.

2019년 4월

4·16기억저장소 구술팀 책임자
서울대학교 인류학과 교수 이현정

차례

■ 1회차 ■

차웅 엄마 김연실

구술자 김연실은 단원고 2학년 4반 고 정차웅의 엄마다. 두 아들 중 막내아들인 차웅이는
엄마에게 항상 살갑고 애교 많은 아들이었다. 차웅이가 손끝에서 영원히 살아 있을 거라
여기며 진상 규명을 위해 노력하는 엄마는 뜻있는 이들과 4·16합창단을 함께 하며 사랑의
마음을 실은 노래를 차웅이와 세상 사람들에게 들려주고 있다.

김연실의 구술 면담은 2016년 2월 3일, 16일 모두 2회에 걸쳐 총 4시간 15분 동안 진행되
었다. 면담자는 김향수, 촬영자는 이영롱이었다.

구술자 본인의 프라이버시나 제3자의 프라이버시를 보호해야 할 부분을 제외하고는 구술
자의 발화를 있는 그대로 전사했다.

1회차

2016년 2월 3일

1
시작 인사말

면담자 본 구술증언은 4·16 사건에 대한 참여자들의 경험과 기억을 기록으로 남김으로써 이후 진상 규명 및 역사 기술에 기여하고자 합니다. 지금부터 김연실 씨의 증언을 시작하겠습니다. 오늘은 2016년 2월 3일이며, 장소는 안산시 양지지역자활센터입니다. 면담자는 김향수이며, 촬영자는 이영롱입니다.

2
구술 참여 동기

면담자 어머님, 처음에 구술증언 제안받고 참여하시게 된 동기를 말씀해 주시기 바랍니다.

차웅 엄마 동기는… 시간이 자꾸 가니까 그날에 있었던 기억들이 조금씩… 기억이 안 나요. 없어지기도 하고. 그래서 기록[구술증언]이란 게 할 수 있을 때 해야 한다는 생각이 들어서 전화받고 하려고 마음먹은 거예요.

면담자 네. 참여해 주셔서 감사합니다. 이 기록이 이후에 어떻게 사용되었으면 좋겠는지 제안해 주시겠습니까?

차웅 엄마 직접 겪어본 당사자로서 자식을 잃은 부모로 산다는

15
·

게 굉장히 힘들더라고요, 생각했던 거보다. 예전에 다른 사람들이 그런 일을 겪었을 때 막연하게 '그 부모 어떻게 사나?' 그랬었는데, 저희가 직접 겪어보고 나서는 '아, 이런 일은 진짜 일어나지 말아야 되겠다' 하는 생각이 들어서. 저희들이 물론 구술이긴 하지만, 저희들 이야기로 인해서 다시는 이런 참사가 일어나지 않는다면은… 아주 안 일어날 수는 없겠지만, 이런 어처구니없는 일이 일어나서 자식이든 가족이든 [잃게 되는] 그런 일이 없었으면 좋겠고, 저희들의 이야기가 많이 알려져서 좀 더 많은 사람들이 안전도 더 생각하고. 어…(웃음) 너무 거창하게 나가는 것 같은데, 우선 많은 사람들이 저희들의 이야기를 듣고 남의 일이 아닌 내 일이 될 수도 있다는 생각들을 가져서, 아이들 키우는 데에 도움이 됐으면 좋겠어요.

3
결혼 후 안산에서의 생활

면담자　　　네. 오늘은 주로 참사 전에 어떻게 사셨는지에 대해 물어보려고 하는데, 안산에 언제 처음 오셨는지요?

차웅 엄마　　제가 94년도 5월에 결혼했는데요. 그때 결혼하면서, [원래] 저는 인천에 살고 있었고 신랑은 서울에 살았는데, 직장이 안산이니까 안산에 신접살림을, 아는 사람이 하나도 없고 지인도 없고 하는 데[서] 그렇게 시작했어요, 안산에서. 그래서 아들 둘, 아들만 둘 낳고, 결혼하고 7년 정도 있다가 아이들 키워야 돼서, 키워 놓고 그때부터 맞벌이했었지요, 애들 잘 키워보겠다고. 한 15년 정 도… 그니까 사고 날 때까지 계속 직장생활 했었어요.

면담자　　　결혼 전에 하던 일과 다른 일을 하셨어요?

차웅 엄마　　아뇨, 같은 일이에요. 저는 회계경리 쪽의 일이라서 요. 제가 좀 일찍 일을 시작했던 게, 차웅이가 둘째거든요. 여자들 이 나이 먹으니까 [직장을 구하는데] 나이 제한에 많이 걸리더라고 요. 그래서 일찍 시작할려고 차웅이가 어렸을 때 시작을 한 거죠, 어린이집 보내면서. 다행히 일할 곳이 있더라고요. 그래서 그렇게 계속했었어요.

면담자　　　나이 제한은 그때 아슬아슬하셨어요?

차웅 엄마　　그렇죠. 30대 초반.

면담자　　　원래 몇 살까지 받아주는 거예요?

차웅 엄마　　대부분 서른다섯 정도 되면 힘들더라고요, 사무직은 요. 계속 일을 하는 중에는 상관이 없는데 저 같은 경우는 몇 년 쉬 었잖아요. 쉬고서 다시 시작하는 거기 때문에… 모집공고 보면은 항상 여자들의 나이가 거의 20대가 많고요(웃음). 기혼자를 채용하 는 데에는 뭐랄까, 미혼들이[에게] 근무 조건이 좀 안 좋은 곳이에 요. 그래도 저는 제가 일할 수 있는 곳이 있어서 좋았었지요, 그때 는. 애들한테도 제가 그랬어요. 물론 직업을 비하하는 건 아니지만, 제가 파트타임[시간제] 일을 한다든가 그런 게 아니고 깨끗한 곳에서 일을 한다는 거를 애들한테 "엄마 이래도 능력 있다" 그러면서 자랑도 하고 그랬었거든요.

면담자　　대단하시네요. 원래 예전에 했던 일을 못 하잖아요. 예전에 하던 일에서 잘리고 그러는데요.

차웅 엄마　　처음에 직장을 알아볼 때 그런 쪽으로 알아보긴 했었지요. 파트타임 같은 경우 대부분이 주말에도 일을 해야 되더라고요, 예를 들어서 마트 같은 데에. 아이들 키우면서 파트타임이 좋긴 해요. 내가 원하는 시간을 조정을 해서 할 수 있으니까. 근데 아이들하고 있을 수 있는 시간이 거의 주말인데, 주말에도 일을 해야 된다는 단점이 있어서 배제를 했었었지요. 주말만이라도 아이들하고 같이 있어야 된다는 생각을 했었어요. 그래서 급여 그런 거 떠나서 일찍 퇴근할 수 있다든지 하는 쪽으로 [알아봤고], 다행히 그런 회사를 잘 만났어요. 그래 가지고 계속 직장생활을 하게 됐어요.

면담자　　15년 동안 계속 그 회사에서?

차웅 엄마　　아니, 그건 아니고요. 한 5년 정도 다녔던 회사가 화성으로 이사 가면서 중간에 두 번 정도 옮겼지요. 다행히 좋은 회사들이 연결이 돼서 좋은 분들 만나게 되더라고요. 그래서 그쪽 일을 계속했었어요.

면담자　　일을 잘하셨나 봐요. 못하면 소문나서 안 쓰던데요.

차웅 엄마   아뇨(웃음). 중간에 소개시켜 주기도 하고 그래서. 다행히 지금까지 같은 일을 했어요.

면담자   어린이집 다닐 때는 안 그래도, 초등학교 저학년 때는 손이 많이 가는 거 아니에요?

차웅 엄마   네, 그렇지요. 근데 동네 분들, 이웃을 잘 만나서. 제가 거기서 결혼하면서부터 시작한… 결혼할 무렵에 전세로 시작을 했는데 2년 살고 딴 데로 이사 갈 줄 알았는데, 아이 가져서 낳고 그러니까 동네 분들이 너무 좋은 거예요. 그래서 그 동네 옆에 동으로 집을 사가지고, 대출 좀 받아서. 조그만 저층 아파트인데 거기서 18년 살았나 봐요. 그러다 보니까 동네 분들이 많이 도와주셨어요. 친형제처럼 지내는 가족도 있었고. 제가 처음부터 일을 한게 아니고 처음 몇 년 동안은 아이들을 같이 키웠잖아요. 그러면서 알게 된 분들이 계시는데 제가 직장생활 하면서 아이들이 아프거나 그러면 다 도와주셨어요. 아이들 봐주기도 하시고 병원도 데려가 주시고, 애들이 아파서 유치원 못 갈 때는 그 집에 맡겨놓고 가기도 하고 해서 그 동네를 못 떠났어요.

  어떤 사람은 "중간에 한 번쯤 이사를 가서 재산을 증식을 해야지. 한군데에서 눌러 있으면 재산 증식이 되냐?" 그래서 "나는 돈으로 환산할 수 없는 중요한 거를 그 동네에서 얻었기 때문에 그런 거를 개의치 않는다"고 얘기했어요. 요즘에 핵가족 시대가 돼서 이웃이 누구 사는지도 모르고 산다고 하는 이야기를 방송에서 간혹 보잖아요. 그걸 보면서 저는 '복 받았다' 생각했거든요. 저희 아이들을 태어난 것부터 다 보신 분들이잖아요. 어떨 때는 엄마보다 더 우리 아이들이… 친하면 보통 아이들이 이모라 부르잖아요. 제가 또 여자 형제가 없어요. 그러다 보니까 애들이 이모라고 잘 따르고, 그 집에서 자고 다니고 그 정도로 가족처럼 지낸 이웃들이 있었어요. 그래서 아이들을 무사히 잘 키울 수가 있었는데….

면담자   어머님, 여자 형제가 없다고 했는데, 어렸을 때 인천에서 자라셨어요?

차웅 엄마   그건 아니고요. 함평이 부모님이 계시는 고향이고 오빠가 인천에 살고 계셨는데 오빠 따라서 유학이라면 유학…(웃음). 당시 오빠가 대학생이긴 했는데 동생들 가르쳐보겠다 해가지고 고등학교를 인천에서 다니게 됐어요. 그때는 대학교 갈 형편은 아니었고, 오빠는 어떻게든 본인 스스로 해서 대학교에 다니긴 했지만… 그래서 상고를 다녔어요. 당시 상고에 많이 갈 때라 상고 갔었거든요. 그래 가지고 거기서 직장생활을 계속하다가 결혼하면서 안산으로 오게 됐지요.

면담자   중학교 때 상경한 거잖아요, 시골 마을에서. 많이 달랐을 것 같은데요.

차웅 엄마   그…랬었지요. 시골에서 밖을 거의 나가보지도 못하고, 버스 한번 타는 거는 1년에 서너 번 정도로. 그러다가 갑자기 도시로 올라왔으니까 별세계에 온 것 같았죠. 막연히 좋을 수만 없었던 게 객지로 나온 거잖아요, 제가 숙식을 해결해야 되니까. 16살 나이면 엄마가 해준 밥을 먹어야 될 나이에 저는 제가 해 먹고 살았으니까. 그런 고생을 많이 했어요. 그리고 집에 남자 형제가 넷이거든요. 그 형제들이랑 같이 밥을, 말하자면 제가 해주고 자취라는 걸 하면서 그렇게 살았거든요.

면담자   오빠들이 부려먹었네요, 여동생을.

차웅 엄마   그러게요, 왜 그렇게 살았는지 모르지만. 자연스럽게 시골에서 산 저뿐만 아니라, 형제들이 많다 보면 형제들 간에 양보라든가, 누가 강요한 건 아니었는데 자연스럽게 그렇게 했던 것 같아요, 당연히. 보통 그때는 시골에 자라면서 밥해 먹고 그런 거 자연스러운 거였거든. 부모님들이 농사짓고 하면 밥이든 청소든 동생들 돌보는 거는 자연적으로 어려서부터 했던 것 같아요. 올라왔으니까 당연히 밥해 먹고 사는 거고, 자연스럽게 됐던 것 같아요, 저는. 그 생활을 한 11년, 10년 했나 봐요. 보통 부모님들이 자식들을 결혼시켜 출가하는데, 저는 제가 오빠들을 한 명씩 한 명씩 장가 보내고⋯. 오빠가 셋인데요, 한 명씩 한 명씩 다 장가를 보내고.

그렇게 살다가 독립을 한번 해보는 게 소원이었었는데, 독립을 못 해보고 결혼을 했습니다. 결혼도 사실은 중매로 했거든요. 시골 어르신들이 중매로 하다 보니까 같은 고향, 같은 학교 선후배(웃음). 1년 선배세요, 차웅이 아빠가. 그렇게 결혼을 해서⋯ 결혼생활도 참 재미있었던 것 같아요. 같은 고향이고 하다 보니까 살아온

생활이랑 그런 게 비슷하고 식성도 비슷하고, 부모님들도 가깝게 계시니까… 재미있게 잘 살았었어요.

4
참사 이전의 일상생활들

면담자   주로 안산에서 직장생활 하시면서 하루 일과는 어땠어요?

차웅 엄마   처음에 직장생활 할 때가 제일 힘들었던 것 같아요, 차웅이가, 둘째가 어려서. 큰애는 어려서부터 떼어놓는 거를 잘 적응하더라고요. 큰애 다섯 살 때부터 유치원 보냈는데 [엄마랑] 잘 떨어졌는데, 둘째가 아침에 힘들게 했어요. 보통 어린이집이 7시 20분부터 반까지, 아이들을 시립에 보내서 받아주는데… 그 전에 하나 이야기해야 될 게, 둘째 때문에 유치원에 2년 다녔던 큰애를 어린이집에 같이 보내게 됐어요.

면담자   적응 때문에요?

차웅 엄마   작은애가 워낙 엄마, 아빠랑 안 떨어질라고 하니까 작은아이 적응 때문에 큰아이를 어린이집에 같이 보내게 됐는데, 그게 제일 큰아이한테 미안해했었어요. 큰애가 말은 안 하는[데]…, 되게 힘들어했더라구요. 아이들 어린이집 보내놓고 출근을 해야 되니까, 신랑이 8시 반까지 출근이었을 거예요. 애들을 보낼라면 아무리 늦어도 6시 반에는 일어나서 씻기고 밥을 먹여야 됐거든요. 집하고 어린이집이 가깝긴 한데 걸어가기는 애들이 어리니까, 10분, 15분 걸리니까, 차로 가면은 2, 3분이면 되니까 아빠가 차가 있으니까 아빠가 감당을 했어요.

저는 아이들을 굶겨 보내는 건 용납할 수 없어서, 어릴 때도 눈 감고 있는 애들 업고 들어와서 씻겨서, 자고 있는 애 입에 밥 떠먹였고. 차웅이가 어린이집 안 갈려고 도망을 가요. 옷을 안 입을려고 도망간 게, 지금 생각나는 게, 식탁이 제일 먼 곳이었어요. 지 딴에는 의자를 올라타서 식탁까지 올라가는데, 지는 도망가는 거였어요. 옷을 안 입는다고 식탁으로 도망가고 그랬던 기억이 나더라고요.

어린이집에 도착하면, 아빠한테 들은 이야기인데, 그렇게 많이 울었다 하더라고요, 형이 있는데도. 선생님들이 간혹 늦으면 당직 선생님들이 오세요. 그 선생님들이 보통 20분에서 30분 사이에 오셔서 받아주시는데 간혹 선생님들도 늦으실 때가 있잖아요. 그러면 출근은 해야 하니까, 아이들만 놓고 나올 순 없잖아요. 그러다가 다른 부모님들 오시면 맡겨놓고 출근을 하고 그랬다더라고요.

처음에 제가 직장생활을 했던 게 시화였어요. 거기는 끝나는 시간이 대중이 없더라고요. 아무리 사무실이라도 대표님 기다리라고 하면 기다리고 퇴근이 자유롭지 못했는데, 제일 안타까웠던 게, 저녁에 7시까지예요, 아이들이. 근데 7시를 지키지 못했을 때, 허겁지겁 달려서 가면 우리 아이 둘만 남아 있을 때. 선생님하고 같이 현관문 앞에까지 와 있을 때… 되게 마음이 아팠어요. 그러면서 '그래도 둘이라서 다행이다' 그런 생각 참 많이 했었거든요.

처음에는 저도 형편이, 남편 월급이 많지 않아서 '하나만 낳고 같이 일을 해야 되겠다'는 생각을 했었어요. 근데 마침 아들을 낳더라고요. 원래 저는 하나만 낳을려고 했었는데, 애 아빠가 "하나를 위해서 자기편을 만들어줘야 되지 않겠냐?"고 "어떻게 하나를 키우냐? 하나를 키우느니 차라리 안 키우지" 자꾸 그래서, 둘째를… 낳고 키우고, 개월 수가 3년 차이 나거든요, 나이는 2살이긴 한데, 큰애는 생일이 빠르고 작은애는 생일이 12월이에요. 근데 그거를 보면서 '아, 신랑 말 듣기를 참 잘했다'는 생각, '그래. 그나마 둘이 저렇게 의지하고 있으니 얼마나 다행이냐', '혼자 있었으면 얼마나 더 애처로웠을까'라는 생각이 많이 들더라고요.

그러면서 '[퇴근] 시간이 너무 대중이 없어서 안 되겠구나' 해서 3, 4개월 다니다가 그만 뒀어요. 애기 아빠하고 자꾸 싸우게 되더라고요. "당신이 먼저 가라, 갑자기 일 생겨서 못 가니까" [하면] 신랑은 일하다가 제가 부탁을 하니까 당황스럽잖아요. 퇴근 때문에 마찰이 생겨서 제가 결국엔 그만두고… 제가 찾은 게 퇴근 시간 정확한 데, 급여를 떠나서. 마침 퇴근 시간이 정확한 데, 그런 좋은 곳 만나서 5년 다녔던 회사가 그 회사거든요. 신랑 회사하고 가까워가지고 출근도 같이하고 퇴근도 같이하고, 점심에 만나서 점심도 사 먹고. 그렇게 되니까 아이들 아침 일찍 보내는 그거 힘든 거 말고는 직장생활을 참 재미있게 했었어요, 아이들하고도 그랬고.

처음에 큰애가 하는 이야기 중에, 지도 온전히 엄마 없이 유치원 다녔을 때 말고, 유치원 끝나고 집에 왔는데도 엄마가 없는 건 처음이잖아요, 본인 혼자 동생을 봐야 되고…. 아침에는 엄마, 아빠가 바래다주지만 나중에 좀 크니까 큰아이가 작은아이를 데리고 하교를 했어요. 지도 7살인데 엄마가 보고 싶을 텐데… 그래서 베란다에 엄마 올 시간 되면 내다보고 있다 보면 눈물이 나더래요. 막 우니까 동생이 보고서 "형아, 왜 울어?" 하면서 같이 울더래요. 저는 한 번만 이야기 들었는데 두 번인가 그랬대요. 본인이 우니까 자꾸 동생이 따라 울어서 '아, 내가 울면 안 되구나' 해가지고 그때부터 안 울었다고 그 이야기를 하더라고, 큰애가. 큰애한테 미안한 게 [생각이] 많이 들더라고요.

어린이집에서도 야외를 나가거나 소풍을 가거나 하면, 형제가 있는 경우에 동생들을 형들한테 부탁을 했더라고, 선생님들께서. 한번은 캐리비안[캐리비안베이]으로 놀러갔어요. 큰아이가 작은아이를 데리고 놀았는데 잠깐 한눈판 사이에 없어진 거예요, 작은아이가. 그래 가지고 [동생을] 찾느라고 엄청 마음고생이 많았나 봐요. 농담 삼아 "동생 하나 더 놓을까?" 하면은 큰애가 고개를 [절레절레하면서] "엄마, 나는 차웅이 하나로 벅차" 그런 이야기했는데, 우리는 농담이었지만 걔한테는 그게 굉장히 부담이었던 거 같애요. 형제간에도 보면, 제가 일을 하면서 형이 동생을 잘 챙겨주고 동생이 형 말 잘 따르고 그랬던 것 같애.

둘이 있는 시간이 많아지면서 둘이 사이도 많이 돈독해졌었던 것 같아요. 아들 둘이었지만 아침에 잠깐 깨울 때 소리 지르는 거 말고 재촉하는 거 말고는 크게 싸우거나 애들 때리거나 그러지 않고 키웠거든요. 또 제가 집에 없기 때문에 아이들하고 시간을 많이 가져야 된다는 생각에 어렸을 때부터 스킨십을 되게 많이 해주었 었어요, 아들 둘이지만. 같이 레슬링을 하든 뭘를 하든 아이들하고 신체 접촉할 수 있는 거를 어려서부터 많이 했었어요. 그게 커서도 자연스럽게 잘 되더라고요. 주변에 맞벌이들 부부 많잖아요. 그래 서 엄마가 못 키우니까, "못 키운다"고 표현을 하더라고요. 주변에 서 엄마들이 "돈 번다고 밖으로 나가서 애들이 참 버릇없다" 그런 소리 듣고 싶지 않았거든요. 그래서 시간 날 때마다 같이 보낼려고 많이 신경을 썼었어요. 다행히 그래서 그런지 아이들이 착해서 그 런지 잘 크더라고요.

면담자   그래도 남자 애들 둘이라 힘드셨을 것 같은데요.

차웅 엄마   그니까요. 사실은 둘째를 딸 생각하면서 낳기는 했 었거든요. 그랬는데 둘이 낳아놓고 직장생활을 하다 보니까 '둘이 라서 다행이다, 형제라서 다행이다'라는 생각 많이 했었어요. 오히 려 딸이면 손이 많이 가요, 아들보다는. 제가 딸을 키워보지는 않 았지만 옆에서 보거나 이야기를 들어도… 진짜 머리 하나부터 신 경 써서, 아침에 출근하려면 [머리도] 빗겨줘야 하고 옷도 신경 써줘 야 되고 하는데 사실 남자 애들은 일어나서 세수만 하면 땡이거든 요. 그래서 '나한테 아들을 둘만 줬나 보다' [하고 생각했어요]. 제가 바지런하지는 않거든요. 그래서 '나에게 딸은 안 췄나 보다' 하면서, 애들 둘이 놓고 다니니까 '지네들한테 참 좋구나' 하고 [흡족해했지요].

키우면서 어느 순간에 밥상에서 하는 대화가 엄마, 아빠가 모르는 지네들만의 대화를 하더라고요. 게임 이야기였는데요. 같은 남자다 보니까 밖에서 나가서 놀아도 같이 나가서 놀고, 동네 형, 친구들하고 놀겠죠. 그 동생들까지 해서 온 동네 남자애들 다 모여서 놀 때 둘이 같이 끼어서 노니까 둘이 이야기 거리도 많고. 그런 것들이, 키우면서 '그래. 딸 있었으면 그건 내 욕심인 거고, 애네 둘이한테는 역시 더할 나위 없구나' 하는 생각하면서 키우고 [하게 되더라고요]. 그 와중에 아들 형제지만 딸처럼 살갑게 하는 애가 있더라고요, 동생이. 애교도 많고 해서 제가 친구들 만나면 자랑했어요. "나 딸 있는 집 별로 안 부러워. 나중에 나이 먹으면 부럽겠지만 키우는 동안에는 아들 둘인데도 참 재미있어"라고 하고, "딸같이 하는 애도 있어" 그러면서 친구들한테 자랑을 했었어요. 애들 괜찮았어요. 성격들이 온순하고 그래서.

면담자   주말에 좀 아이들이랑 시간을 많이 보내려고 하셨다고 했는데, 주말은 보통 어떻게 보냈는지요?

차웅 엄마   주말에 놀이공원 같은 데도 나가고, 지금 애들 있는 합동분향소, 화랑유원지. 멀리 못가면 화랑유원지라도 늘 애들이랑 갔고, 가까우니까 도시락 싸가지고 자주 나갔었고. 우리 큰애가

5학년 때 인라인 타다가, 어린이날 굳이 나가기 싫다고 하는데도 데리고 나가서 팔이 부러진 적이…(웃음). 인제 컸다고 안 나가더라고요. 근데 데리고 나가고 싶어 갖고 아빠가 막 꼬셔가지고 데리고 나가서 인라인 타다가 팔이 부러져서 수술까지 하게 되고 그랬던 적이… 항상 애들이랑 같이할려고 [했어요].

시골도 자주 내려갔었어요, 할머니, 할아버지 계시니까. 저는 제가 자랄 때 할머니 있는 집이 굉장히 부럽더라고요. 더군다나 같이 안 사니까 애들이 할머니, 할아버지 정을 많이 느꼈으면 좋겠더라고요. 또 신랑이 5형제거든요, 신랑, 시댁이. 거기서 막내예요. 위치가 좋잖아요. 그러니까 부담 없이 시댁도 많이 내려가고 해서 애들이 할머니, 할아버지라면은 굉장히 좋아하고, 자주 가니까 이쁨도 많이 받고 그러더라고요. 1년에 여섯, 일곱 번씩 내려갔던 것 같아요, 주말 연휴이면 내려갔고.

결혼하고 한 15년 동안 여름휴가를 딴 데로 가본 적이 없어요. 항상 애들 데리고 시골로 갔었어요, 그게 애들한테 좋을 것 같아서. 저는 어쩔 때 한 번쯤은 다른 데, 우리 가족끼리 가고 싶어서 애 아빠한테 이야기하기도 했지요. 근데 막상 갈라면 갈 데가 없더라고요, 늘 시댁으로 가다 보니깐. 시댁을 계속 갈 수밖에 없었던 게, 저희가 둘째 막 낳고 두 달이 안 되서 명절에 내려가다 교통사고가 났어요. 삼중충돌 나가지고 그해 추석 때부터 부모님들께서 올라오셨었어요, 큰형님 댁으로. 그래서 명절에 형님 댁으로 가게 됐어요, 저희가 사고가 나서. 그때 애기가 어리고 해서 안 갈 계획이었는데, 저희가 차를 샀어요. 97년도에 차를 샀었는데, 차도 있고 휴가도 길고 하니까 신랑이 "천천히 내려가면 된다"고 [해서]. 초보 상태에서 장거리 운행을 처음 한 거였지요. 근데 명절에 길이 많이 밀리잖아요. 그때 정읍인가 가가지고 사고가 났었어요. 저희가 삼중 충돌의 맨 뒤에 있어서, 앞의 차를 받아서 앞의 차 다 물어 주고. 그 당시 제가 많이 다쳤었거든요. 다쳤는데 아프다고 병원에를 가지 못했어요. 지금 생각하면 병원에 갔었어야 되는데, 명절에 사고 난 것도 죄송한데 제가 아프다고 병원에 있으면 어르신들 걱정할까 봐 입원도 못 하고, 명절을 보내고 갔었어요.

면담자   애기가 어릴 때니까 엄마 품에 있잖아요. 그래서 더 아팠을 텐데요?

차웅 엄마   저희가 그때 사고 이후로 정한 게 있었거든요. 뭐냐면 큰아이를 앞좌석에 태우고 작은아이를, 애기를 뒷좌석에 눕혀 간다고 뒷좌석을 넓게 하고 갔었어요. 그러다가 정읍휴게소에 한번 쉬고 출발하려는데, 큰아이가 앞좌석에 안 타겠다고. 아빠가 타라고 강압적으로 하는데도 안 타겠다고 애가 그래서 제가 "거의 다 왔으니까 저렇게 싫어하는데 그냥 뒷좌석에다 태울게. 작은애 내가 안고 갈게" 그리고서 태웠거든요. 그리고 출발한 지 10분도 안 돼서 사고가 난 거예요. 큰아이가 앞좌석에 있었으면 많이 다쳤을 거예요. 제가 뒤쪽에서 앞좌석까지 튕겨 나갔었으니까. 그랬는데 제 손에 아이가 없는 거예요, 둘째가. 제가 안고 있었거든요, 분명히 둘째를. 근데 아이가 없는 거예요. 아픈지 뭔지도 모르고 뒷좌석으로 왔더니 바닥에 작은아이가 떨어져 있더라고요. 다행히 괜…찮더라고요. 큰아이는 아빠 운전석에 부딪혀 가지고 코피가 나더라고요. 저도 코피가 나더라고요.

저희가 그러면서 "아이들이 싫어하면 강요하지 말자"[는 약속을] 그때부터 시작했던 것 같아, 아이들한테. '큰아이를 앞좌석에 강제로 태웠으면 어땠을까' 생각하면 끔찍하더라고요. '아이들이 싫어하는 거 억지로, 강제로 시키지 말고 아이들 의견을 물어봐서 원하는 대로 해주자' 했던 게 그때부터 시작했어요, 저희가. 그래서 '어린이날 사고도 싫다는 거 안 데리고 나갔으면 사고 안 났을까?' [하는 생각도 나더라고요]. 큰아이가 집에서만 놀고 싶어 했거든요. 근데 저희가 어린이날이라고, 초등학생이니까 어린이답게 보내야 된다고 수자원공사까지 데리고 가가지고 인라인을 타게 하다가 사고가 났거든요. 한 번씩 저희가 되뇌이죠. '그래. 아이들 싫어하는 걸 시키지 말자' 그렇게 항상. 가끔 잊어버리긴 하지만 '아이가 저렇게 싫다 하면 우리 시키지 말자. 강제로 하게 하지 말자'. 애들이 컸지만 생각이 변함이 없어요.

면담자   안산에서 직장 다니는 거 말고 동네 이웃 모임이라든지 학부모 모임, 성당이나 교회를 다닌다든지 이런 것들이 있었어요?

차웅 엄마   종교적인 거는 없고요. 모임들이 작게 많이 있었지요, 동네모임. 당시에 애기들이 어리니까 엄마들 생일 모임을 했었어요. 본인 생일날 본인 미역국 끓여 먹기 뭐하잖아요. "그날 하루만이라도 아이들한테 벗어나서 우리들끼리 하루의 시간을 보내자" [해서] 그날은 아이들을 저녁에 아빠들한테 맡겨놓고 밥을 먹고… 그 동네모임을 오래 살면서 한 15년 정도 했던 것 같아요. 그러면서 한 분, 두 분 이사를 가시면서 몇 분이 안 남다 보니까 자연스럽게 그 모임이 해체되었고. 한 15년 정도 했던 것 같아요, 동네모임을. 거기에 저희보다 한 10살 많은 언니들이 끼워달라 그래 가지구 그분들하고도 같이. 그분들이 "이런 거 아니면 우리가 자네들하고 커피 한잔 먹겠나" 해가면서, 8명에서 10명 정도 모임을 했었어요. 지금은 재건축한다고 다 이사 가서 [안 계시지만요].

저희들도 3년 전에 이사 나왔어요, 그 동네에서. 그 동네 아파트 완성되면 다시 오라고(웃음) [하는데] 그거는 아직 생각 중이고요. 종교적인 거는 없고… 애들 다니면서 안산의 친목모임카페 애들이 있어서. 그거는 원래 봉사모임[이예요]. 아는 사람이 봉사 다니는 거 보고 같이 봉사하고 싶어서 어린이들 있는 데에 가서 봉사하면서 들어가게 된 지역카페도 있어요. 카페 활동을 사고 날 때까지 하고 있었지요. 지금은 다 접었지요. 아이들 있는 고아원 봉사도 가고 요양원에 봉사도 가기도 하고, 아이들 데리고 다녔어요, 저는.

시작은 중학생 애들 봉사시간이 있잖아요. 근데 아이들만 형식상으로 하는 건 싫어서 저도 같이 다녔어요. 큰아이 때부터 시작했는데 작은아이는 초등학교 때부터 따라다니면서 자연스럽게 같이 했었어요. 아이들이 너무 좋아하더라고요, 그 활동하면서. 아가씨 때 했던 취미 활동이 볼링이었거든요. 그것도 다시 시작했고, 제가 시작하니까 애 아빠도 다시 시작을 하더라고요. 2010년도, 9년도 [2009년도]에 시작했던 것 같아요. 그러면서 안산에 사는 분들, 여러 직업을 가진 사람들, 여러 성향의 사람들 만나면서 재미도 있었고 괜찮았어요.

면담자   볼링은 동호회 같은 걸로?

차웅 엄마   네, 그렇죠. 시작이 봉사로 시작해 가지고 그 봉사가 소모임으로 하는 거였죠. 원래 봉사모임이 아니라 여러 친목모임에 서, 산악회도 있고 볼링 동아리도 있고 봉사 동아리도 있고 해서 하더라고[요]. 저는 봉사로 시작해서 그 카페 들어가면서 산에도 가고 볼링도 다시 시작하고 되게 바쁘게 살았지요, 직장[생활] 하면서도.

면담자   얘기 들으면 어머니도 활달하신데, 아버님이 어머님 되게 아끼시는 것 같아요. 금슬이 좋다고 할까요. 볼링할 때도 따라 하고 아까 점심도 같이 드시고요. 대부분 잘 안 만나려고 하잖 아요. 아이들도 데려다주고 가정적이신 것 같아요.

차웅 엄마   신랑이 아침에 아이들 등교시키는 게 제일 힘들었던 것 같아요. 아이들이 안 떨어지려고 울 때 억지로 [떨어지게 해야 했 으니까]. 작은아이가 아빠를 더 좋아했었거든요, 엄마보다. 아빠가 제일 좋았고 동네 이모가 두 번째 좋았고 제가 세 번째였는데요.

아빠가 아침마다 본인을 떼어놓다 보니까 그때부터 아빠를 멀리 하더라고요. 엄마를 찾게 되더라고요. 작은애가 다섯 살 되면서부 터 엄마 껌딱지가 되더라고요. 그 전에는 아빠 껌딱지였거든요. 근데 아침마다 아빠가… 싫다는 어린이집에 데려다주니까. 그리고 엄마를 하루 종일 못 보잖아요. 그러면서 작은아이 생긴 습관이 여섯 살 때인가? 손톱… 물어뜯는 거. 그리고 남자아이가 굉장히 인형을 좋아하더라고요, 꼭 인형을 안고 자면서. 그게 제가 마음이 너무 아팠어요, 그래서 많이 안아주고 뽀뽀도 많이 해주고 많이 쓰다듬어 주고. 그 놀이를, 남자아이들이니까 어떻게 해요, 레슬링해야지. 레슬링도 하고 복싱도 하고 그런 식으로 해서 애들하고 시간을 많이 가졌어요. 되게 마음이 아프더라고요. 그래서 제 향기를 많이 느끼라고 많이 그랬어요.

5
차웅이와의 일화

면담자　　어머님, 차웅이랑 지내면서 기억에 남는 거, 일화가 있으면?

차웅 엄마　　많이 있긴 하는데… 차웅이가 겁이 많아서 자라면서 자전거 배우는 게 참 안 됐어요. 큰아이 같은 경우는 두발자전거를 혼자 자연스럽게 배웠거든, 제가 안 가르쳐줬어. 근데 차웅이는 3

학년 때까지 네발자전거 있잖아, 보조바퀴 있는 거를 탔어요. 자전거가 없으니까 화랑유원지 가면 아이들 자전거 빌려서 태워주는데, 크기도 안 맞고 잘 나가지도 않는데 겁이 많아서 보조바퀴 있는 자전거를 계속 탔다는 거(웃음). 두발자전거를 배웠던 게 6학년 때 동네 형들 따라서 놀다가 어떻게 하다가 배웠는데 그때부터 자전거를 사달라고 노래를 불렀었어요. 겁이 생각보다 많았고… 특별히 모르겠어요, 갑자기 기억에 남는 거 물어 보니까… 굉장히 외향적인 아이, 활동하는 걸 좋아했어서, 본인이 좋아하는 거나 이게….

아, 차웅이가 신체적인 조건이 또래 애들보다 작고 약했어요. 운동을 시키게 된 게 그래서 시키게 됐었고, 큰아이와 다르게 작은 아이가 왠지 약해 보이고 부족해 보이고 시간관념도 없어 보이고, 자꾸 제 손이 가게 되더라고요. 키우면서 마음이 아팠던 게, 초등학교 들어가니까 걱정이 되는 거예요. 초등학교 들어가면 일찍 끝나더라고요. 일찍 끝나면 이 아이가 혼자 있어야 될 시간[이] 너무 긴 거예요. 그래 가지고 어린이집 다니면서 다녔던 피아노, 미술학원 있는데 그 원장선생님께 제가 부탁을 해서 학교 끝날 시간 되면, 지금 오면서도 봤는데, 학원 차가 기다리고 있다가 학원으로 태우고 가는 거예요. 집에 있다가 시간 맞추어서 학원가는 게 안 돼서, 학원 차를 학교로 보내서 아이를 바로 학원으로 데려가는 거를 1년 내내 했어요. 1학년 내내 했었고, 2학년에 올라와서도 그렇게 했었어요.

그런데 2학년 1학기에 차웅이가 수두에 걸렸었어요. 수두에 걸리면 학교를 못 보내잖아요. 학원도 못 보내잖아요. 그렇다고 제가 같이 일주일 동안 있을 수도 없고 해서, 아이를[가] 거의 일주일동안 혼자 집에 놀면서 아빠가 점심 때 와서 밥을 주고 같이 밥을 먹고 다시 가고, 일주일을 아빠가 그렇게 했었어요. 그러면서[그런데] 혼자 너무 잘 있는 거예요, 차웅이가. 그래서 여름방학 때쯤 그랬어요. "차웅이 너 혼자 집에서 있을 수 있겠어?" 했더니 있을 수 있겠대요. 여름방학 끝나고 학원을 끊었어요, 혼자 있을 수 있다니까. "차웅이가 너무 약해서 운동을 시킬려고 합니다" 하고 원장선생님이랑 상의를 했더니, "차웅이 같은 성향에 태권도보다는 검도 같은 걸 시켰으면 좋겠다"고 권유를 해주시더라고요. 그래 가지고 차웅이가 한 9월, 10월 달부터 검도를 다니게 됐어요. 검도를 한 9년 [했어요]. 한번 시작하니까 끝까지 가더라고요. 그게 맞았었던 것 같아요. 태권도였으면 중간에 그만두지 않았을까? 그래서 운동을 시켰었고.

차웅이는 뭐든지 참여하는 거 좋아하고 뭐 하는 거 좋아하고, 엄마, 아빠한테 보여주는 거 굉장히 좋아하고. 학예 발표하거나 뭐 하면 다른 사람들을 안 보는 거예요, 저만 쳐다보고 엄마, 아빠만 쳐다보고 하고. 큰아이는 부끄러워 가지고 시선 피하고 그랬는데, 걔는 엄마, 아빠만 오면 좋아 가지고 쳐다보고 발표도 했었고. "엄마가 뚱뚱하다고 [해서] 싫지 않으냐?" 그래도 전혀 개의치 않았고. 중학교 때 제가 애들한테 해줄 수 있는 게 시험감독관, 그런 거 해주었었거든요, 회사에 자유가 생기니까 여유도 있고 하니까. [작은

아이 학교에 가면 친구들한테 "우리 엄마가 되게 예쁘다"고 그랬었다고(웃음). 친구들이 "너는 니네 엄마가 예쁘냐?"고 물어봤다고, 중학교 때. 걔는 좀 솔직했던 것 같아요. 머릿속에 계산 같은 거 안 하고 약지 않고… 있는 그대로, 자기 느낀 그대로 이야기를 했던 것 같애. "그런 이야기 듣고 안 창피하냐?"고 그랬더니 자긴 "안 창피하다고 그랬었다"고. 아빠한테도 굉장히 애교도 많고.

그런 이야기 들으면[하면] 사람들이 다 놀라는데, 애들 어렸을 때부터 항상 아빠 퇴근하고 오면은 아빠를 안아줘야지만이 신발을 벗고 들어오시는 걸 고등학교 때까지 계속했었어요. 뭐 하다가도 아빠가 오시면 뛰어나가서 반겨주고 그 덩치에 아빠한테 매달리고. 그런 것들 보면서 스스로 자기만족을 했었어요. '나는 참 괜찮은 엄마다'라고 혼자, 그게 착각인 줄도 모르고. 아이들이 주변 분들한테 예의도 잘 지키고, 선생님들 만나면 칭찬을 많이 해주시더라고요, 큰아이든 작은아이든. 그래서 저는 진짜 자만심을 가지고 살았네요, 제가(웃음). 놀이기구도 타러 가면 절대 무서운 거를 안 타요. 우리 아이들은 타면 회전목마, 아이들 타는 거(웃음) 배 타고 슬슬 가는 거, 세계 나라 구경하는 그런 거. 높은 데 올라가서 떨어지는 거 절대 못 탔어요, 둘 다 겁이 많아 가지고… 우리 차웅이랑 뭐 하고 지냈는지 별 기억이 안 나는데, 갑자기.

6
참사 이전의 교육관

면담자　　어머님, 차웅이랑 큰애 키우면서 특별히 중요하게 여겼던 것들, 애들한테 강조했던 것들은 어떤 게 있나요?

차웅 엄마　　강조했던 게 저는 "공부, 공부" 하지는 않았어요. 뭐를 하든 본인이 즐거워하는 거 했으면 좋겠는데 애가 뭐를 좋아하는지 찾게 해줘야 되잖아요. 아이들을 데리고 여기저기 다닐려고 했던 게, 내가 뭐를 좋아할지 할[알]려면 직접 보고 체험을 해봐야 되잖아요. 그래서 애 아빠도 그렇고 애들을 데리고 많이 돌아다닐라고 했는데… 생각보다 많이 못 돌아다닌 것 같고.

제일 중요하게 생각했던 게 어른들한테 함부로 하지 않고 예의를 중요시했었고, 애들한테 늘 강조했던 거는 "세상에는 공짜는 없다"라는 거였어요, 어렸을 때부터. 아이들이 공부도 안 해놨고 "이거 틀렸네", "그거 틀렸네" 그러잖아요. 저는 그래요. "공부도 안 하고 100점 맞기를 바라는 거는, 도둑이 남의 물건을 훔쳐서만이 도둑이 아니야. 공부도 안 해놨고 100점 맞기를 바라는 게 바로 도둑놈 심보야" [하며, 그게 바로 도둑놈] 심보라고 가르쳤죠. "내가 뭔가를 얻고자 할 때는 그만큼 노력을 해야 된다"고, "내가 노력을 열심히 했는데도 결과가 실망스러울 때는, 그거를 받아들여라"라고 이야기했었고.

가훈은 아니었지만 "세상에는 공짜가 없다"고 애들한테 많이 이야기를 했었어요. 그러면서 미래 이야기, 장래 이야기를 자연스럽게 했었어요. 특별히 큰 사고들이 없었던 것 같아요. 친구를 때리는 적도 없었고, 제가 [아이들이] 맞아가지고 저기[속상]해 본 적도 없었고. 아들 둘이지만 그런 건 없었고, 학교 가서 선생님들이 칭찬을 해주시면 '그래 내가 버릇없게 키우진 않았구나' 하고. 주변에 친구들이나 가족들 만나면 "너네 애들은 표정이 밝아서 참 좋아. 예뻐". 그리고 그 카페 모임에서 아이들 보게 되잖아요. 그러면 동생들도 "와우, 누나네 애들은 너무 밝다. 표정이 밝아서 예쁘다" 그러더라고요. 그런 이야기 들었을 때, '애들이 이대로 크면 좋겠구나' 하고….

선생님들이 생활통지표에 써주신 글에도 보면 "예의 바르다"고 많이 써 있었어요. 할머니, 할아버지들 계시니까 어른 공경하는 거, 구식인지 모르겠지만 그런 거를 중요시했었어요, 어르신들 먼저, 그걸 중요하다고 생각을 했어요, '크면 바뀔망정 내가 해줄 수 있는 거는 그런 거다' 생각을 해서. 버릇없게 구는 게 저는 제일 싫었어요. 다른 아이들이 저한테 그러는 게 너무 싫더라고요. 그래서 혹시나 저희 아이들이 다른 사람들한테 버릇없게 굴까 봐. 그리고 어른들이 뭐 물어보면 겸손하게 잘 대답하는 거를 중요시했었어요.

면담자   입시라든지 아이들 학교 관련 소식들 같은 것은 어떻게?

차웅 엄마   저는 별로 쫓아다니거나 그러지는 않았고요. 물론

핑계[지만] 사무실에 앉아서 컴퓨터로 조회하고, 큰아이는 그림을
일찍 그리기로 했기 때문에 예능 쪽으로 어느 학교가 뭐를 하는지.
저는 사실은 학원에다 좀 맡겨놓기도 했었어요. 얘가 문과 대학이
었으면 선생님들을 많이 찾아갔을 텐데, 예체능계는 학교 선생님
하고 상의할 것 별로 없어요. 큰아이가 일찍 미술을 하고 싶어 했
었기 때문에… 학원에 맡겨놓는 편이었었어요, 학원에서 아이들
성향을 잘 아니까. 제가 "공부, 공부" 많이 안 했기 때문에 큰아이
도 성적이 애매한, 상위권도 아닌 애매한 등수(웃음). 본인이 좋아
하는 거는, 문과 쪽으로는 잘하는데 이과 쪽으로는 수학부터 시작
해서 바닥이었고. 강요를 많이 안 했다고 제가 그랬잖아요.

그래서 저희 작은애 같은 경우는 검도 외에는 어느 학원도 안
다녔어요. 초등학교 때 공부방 다닌 거 말고는 안 다녔어요. 그래
도 선생님들한테 별로 혼 안 나고 다니더라고요. 그래서 그냥(웃음)
놔뒀어요. 지금은 작은아이한테 좀 덜 미안한 게, 만약에 입시 공
부 가르친다고 아이를 가둬놓고 억지로 야단치고 그랬었으면 더
많이 가슴이 아팠을 것 같아요. 저는 의논을 많이 했었어요, 애들
한테. 〈비공개〉 작은애는 어려서부터, 선생님들도 다 알고 계시더
라고요. 공부방에서도 보면 선생님한테서 칭찬받으려고 선생님 옆
에 꼭 앉아서 공부하고, 〈비공개〉 그래서 선생님은 차웅이가 "예쁜
아이"라고, "혼자 스스로 하는 아이"라고 그래서 그걸 믿었어요.

중학교 다니는 내내도 영어가 좀 안 돼서 "영어 학원 좀 해야 되
지 않을까?" 했더니 "아니. 엄마 나 학원 같은 거 다니고 싶지 않아"

하면서 [안 가더라고요]. 고등학교 올라가서도 애네 학년부터 평준화됐잖아요, 안산이. 신랑도 "차웅이한테 공부 스트레스 주지 마. 어차피 평준화인데, 뭘 공부하라고 하냐?" 그러더라구요. 진짜 학원도 안 보내고, 집에서 과외, 초등학교 때 학습지 있잖아요. 그거 하는 게 다였어요. 지금에 와서는 덜 미안해요, 자유롭게 해줬던 게. 그래도 선생님들한테 혼 안 나고 다녔고.

고등학교 올라올 때, 차웅이는 기다렸어요. '쟤는 본인이 하겠다 마음먹으면 하겠구나'라고 [생각하고] 기다렸어요. 고등학교 가면서부터 생각이 바뀌더라고요. 2학년 때, 늦었다 하면 늦었을 수도 있지만, 본인이 공부를 열심히 하겠다고 야자[야간자율학습]도 하고, 검도를 5일 가잖아요, 그런데 이틀 야자를 하더라고요, 검도를 3일 하고. 검도를 포기할 수가 없었나 봐요. 차웅이도 고등학교 1학년 때부터 지[자기]는 "검도 열심히 배워서 애들한테 가르치는 거 하겠다"고 그랬기 때문에. 큰애도 일찌감치 미술로 가서 입시에 별로 신경 안 썼어요. 다른 부모는 초등학교부터 해가지고 중학교 때 공부하고 고등학교 [때 본격적으로 입시 준비하게] 해주는데. 제가 그런 게[상황이] 안 됐었기 때문에 소홀히 했었어요, 애들 입시 그런 거는. 큰애도 지방대학이긴 하지만 다니면서 열심히 하니까 그걸로 만족하고.

큰애 때가 좀 신경 쓰이는 거 같아요. 고등학교 정할 때도 내신 맞춰서 왔는데, 저는 원래 다른 학교로 보낼라고 그랬었거든요. 큰아이가 단원고예요, 단원고인데, 저는 경안하고, 양지하고, 강서를

얘기했는데, 큰아이 하는 말이 "엄마, 나 용꼬리 되고 싶지 않아. 뱀 대가리 할래. 힘든 데 가서 애들 들러리 서기 싫다"고, "차라리 여유 있게 내신 잘 받을 수 있는 데로 가겠다"고 해서 선택한 [거예요]. 단원고로 선택한 이유를 몇 가지 들어보라고 했더니 내신받는 거 때문에 그랬고, 두 번째가 교복이 예뻤고, 세 번째가 급식이 좋았다고. 보니까 다 알아봤더라고요, 학교에 대해서. 큰아이가 일찌감치 수학을 포기했는데, 경안고[는] 수학을 많이 한다든가 양지고는 과학고라든가 학교마다 특징이 있더라고요. 그러다 보니까 우리 아이가 가고 싶지 않은 이유가 확실하게 있었고, 단원고는 지가 가고 싶은 이유가[를] 몇 가지 드니까 '얘가 고등학교에 대해서 알아봤구나. 지 나름대로 고민했구나' 해서 억지로 안 하기로 했잖아요. 제가 강요해서 다른 학교 가서 성적 안 나오면 나를 원망할 것 같더라고요. "너가 학교를 선택했으니까 열심히 하라"고 했어요. 학교생활 열심히 잘하더라고요. 열심히 잘했어요.

작은아이가 늘 형하고 같이하는데, 중학교가 달랐어요. 그거를 작은아이가 굉장히 힘들어했어요. 집에서 가까운 데가 관산초등학교니까 원곡중학교를 가야 맞거든요. 원곡중학교가 아닌 관산중학교가 된 거예요, 집에서 20분 넘게 걸어가야 되는, 교통편도 없는. 형아랑 유치원 다니다가, 혼자 다니다가, 초등학교 다시 같이 다니니까 너무 좋아했거든요, 작은아이가. 형아 졸업하고, "중학교 같이 다니겠다" 했는데 중학교가 달랐잖아요. 중학교가 달라서 처음에 힘들어했어요. 그래서 고등학교[도] "엄마, 나도 형아 학교 갈 거야, 형아랑 같이 학교 다니고 싶어" 해서 작은애도 단원고를 갔거든요.

작은아이가 단원고에 [간다는 것을] 흔쾌히 오케이했던 게 학교가 너무 좋더라고요, 보니까. 큰아이 보내놓고 봉사반을… 학부모 봉사가 있거든요, 애들 귀가도우미하는 거. 저희 아이는 학원 가고 학교에 그 시간에 없었지만, 학교 가서 부모들이 귀가지도도 해주시고. 그리고 그때 큰애가 7회 졸업이니까 7년 정도 된 학교에 아이가 간 건데, 1회 학부모부터 학교 바자회라든가 그 봉사 모임에 오시는 걸 보고 '이 학교가 괜찮은 학교구나'라고 생각을 했었어요. 보통 졸업하면 끝인데 봉사모임에 1회 졸업생 부모들이 오면서 보니까 형제자매들을 많이 보내셨더라고요. 큰아이 보내고 둘째 보내고 그러면서 저도 자연스럽게, 작은아이가 그 학교를 원하긴 했지만, 그게 너무 좋았어요. 그래서 작은아이를 단원고로…. 저희가 사는 곳이 원곡동이거든요. 원곡동에서 학교 교통편이 불편해요, 와동이나 선부동하고 달라서. 근데도 작은아이를 그 학교에 보냈던 거는 학교가 좋았었거든요.

면담자   투표는 하시는 편인지요?

차웅 엄마   꼭 하지요. 투표는 꼭 하죠. 신랑이나 저나 하는 이유가, 할 때마다 고민은 해요. 고민하면서도 늘 신랑이 말로는 그래요, "다음에는 절대 투표 안 해". 그래도 막상 투표 날이 돌아오면 하는데, 하는 이유가… 누가 되기를 바래서 하는 것보다는 내가

42

차웅 엄마 김연실

싫은 사람이 되는 걸 방해하기 위해서, 되는 걸 원치 않아서 투표를 몇 번 했었어요. 투표는 제가 꼬박꼬박 해요.

7
수학여행 준비

면담자　어머님, 수학여행 준비 과정에 대해서 물어보려고 하는데, 수학여행 출발 전에 어떤 이야기를 들으셨어요?

차웅 엄마　수학여행을 즐거운 마음으로 갈려고 했고, 보낼려고 했고. 수학여행 가기 전에 3박 4일 배 타고 여행을 갔다 왔어요, 저희가. 오하마나호 타고 아빠 친구들 가족들, 네 가족이 모여서 3박 4일을 똑같이 배를 타고 갔다 왔어요. 큰아이가 또 그렇게 갔다 왔고. 저희 아이가 갈 때 세월호라는 건 몰랐지만, 그때 갔다 왔었기 때문에 저희 아이도 즐거운 마음으로 갔고…. 수학여행 갈 때쯤 됐을 때는(웃음) 엄마, 아빠가 볼링에 빠져서 경기하고 하느라고 집에 많이…, 한 1년 동안은 엄마, 아빠가 집을 많이…(웃음).

　사실은 차웅이 혼자 있는 시간이 많았어요. 형은 고3이라고 주말에도 바빴고. 차웅이도 그래서 볼링을 시작했어요, 초등학교 때부터 엄마, 아빠 따라다니면서. 저희가 원하면은 선심 쓰듯이 따라다녔고. 그날도 수학여행 준비를, 가방을 쌓아야[싸야] 되는데 차웅이가 처음으로 혼자 쌌었어요. 저는 저녁에 나가면서 필요한 거

챙겨 가라고 속옷이랑 하얀 면 티랑 양말, 침대 위에 그날 세탁했던 거 다 개놓고 본인이 필요한 거 싸라고. 저희는 그날 늦게 들어오니까, 다행히 도시락 같은 거 안 싸니까.

그래서 처음으로 차웅이가 자기 여행 가는 가방을 쌌어요. 저녁에 12시쯤에 왔는데 가방을 점검을 했지요, 잘 쌌는지 뭘[뭐가] 빠졌는지. 침대에 있던 물건이 하나도 없어서 물어봤더니 그걸 다 싸라고 하는 줄 알고 다 쌌대요. 면 티 여섯 개, 양말, 속옷 다 싼 거예요. 다시 몇 개 빼내고, "이거 다 싸면 어떻게 해?" 그랬더니 "난 엄마가 다 싸라고 한 줄 알았다"고(웃음). 혼자 꼼꼼하게 잘 쌌더라고요. 우산도 챙겼고 세면도구도 다 챙겨서 했고. 나중에 알았지만 형 드라이기도 가져갔고. 조별로, 머리 말리는 아이도 있으니까 그랬던 것 같아요. 우리 아이는 머리 적거든요.

차웅이가 전날 했던 이야기가, 평소에 거의 매일 엄마, 아빠한테 전화를 했거든요, 중학교 때부터. 혼자 오다 보니까 늘 전화를 했던 것 같아요. 그게 생활이 된 건데, 그날 가방을 싸면서 저하고 점검을 하면서 그러더라고요, 차웅이가. "엄마, 혹시 내가 전화를 못 하게 되더라도 뭐라고 하지 마" 그러더라고요, 가방을 싸면서. 그래서 제가 "무슨 소리냐, 아무리 재미있어도 화장실에 가서라도 엄마한테 전화를 해야지" 그랬거든요, 제가. 씩 웃더라고요.

그게 그렇게 마음에 걸렸어요. 가방도 처음으로 혼자 쌌지만, 매일 전화하던 애가… 근데 진짜 전화를 안 했어요, 차웅이가. 15일 날, 본인 전화도 아니고 친구전화로 "엄마, 나 인천항에 도착했어" 그게 한 5시 10분쯤 되는가 봐요. 딱 그 한 통화 하고 나서는 전화 한 통화도 못 했어요. 저는 당연히 잘 갔을 거라고 생각을 했기 때문에 "이 녀석 진짜 재미있나 봐. 전화도 안 하네" 하고, 저녁에 아빠랑 둘이 "차웅이 지금 자겠지?" 그러면 "지금 자겠냐, 애들이랑 놀겠지" 그러고서(한숨). 제가 왜 전화해 볼 생각은 못 했을까요? 재미있을 거라고, 놀 거라는 생각에… 전화를 안 했었는데, 전화 한 통화도 못 했어요. 아침에도 다른 때보다 한 15분 정도 일찍 갔어요, 너무 들떠가지고. 저보다 먼저 차웅이가 나갔는데 나가면서 "왜 벌써 가?" 했더니, "엄마, 너무 설레서 학교에 빨리 가고 싶다" [고] 해서 빨리 갔어요.

면담자   형이 수학여행 갔다 와서 많이 이야기해 줬을 거 같은데요.

차웅 엄마   그렇죠. 당연히 코스도 똑같고 하니까. 또 가족여행 했던 게 애들 수학여행 갔던 장소[와 같은 곳이] 많더라고…, 애들을 데리고 가서 애들 위주로 가다 보니까 수학여행 코스랑 저희가 가족여행 갔을 때랑 비슷하더라고요, 장소가. 그래도 친구들이랑 간다는 거 자체가…. 중학교 때는 신종플루 때문에 수학여행을 못 갔어요. 수련회 같은 거야 아이들이 힘든 거니까 가고 싶어 하지 않지만 수학여행이잖아요, 그래서 들뜬 마음으로 갔고. 또 형아가 뭐라고 뭐라고 이야기를 했겠죠, 지네들끼리. 친구하고도, 가끔 학교로 태우러 가면, 친구하고 뒤에 앉아서 수다 떨고. 검도장이 집 근처이다 보니까 퇴근할 때 검도장 들러서 같이 퇴근하고 많이 그랬었어요. 짓궂은 장난도 많이 하고 그랬어요(한숨). 제가 짓궂은 장난 많이 했어요. 작은애랑 시간을 많이, 일상생활을 많이 같이했어요. 특별하게 뭐를 계획해서라기보다는 일상생활 자체가 장난스럽고(웃음) 애들한테 많이 그랬어요.

8

4·16 참사 그날

면담자　　　당일 날 처음에 소식은 어떻게 들었는지요?

차웅 엄마　　사고 이야기 들은 거는 출근을 해서, 9시까지 출근이거든요, 출근해서 직원분들하고 커피 한잔 마시고, 사무실은 현장처럼 시간 맞춰서 시작하는 건 아니니까 수다 떨고 있었는데 아침 일찍 큰집 조카한테서 전화가 왔더라고요. 아침 일찍 전화 왔길래 놀랬지요. "웬일이냐?"고 그랬더니 "차웅이 단원고 다녀?" 하고 물어보더라고요. "응, 단원고 다녀" 그랬더니, 그 조카도 안산 사니까 아무래도 들었던 기억이 있나 봐요, 큰애도 단원고 다녔으니까. "응. 그래" 그랬더니 "혹시 수학여행 갔어?" 그러더라고요. "응. 수학여행 갔는데?" 그랬더니 "인터넷 한번 보세[요]. 차웅이 타고 간 수학여행 배가 지금 기울고 있는 것 같아"라고 하더라고요. 그러면서 "작은 아빠한테는 제가 전화할게요" 해서, 바로 인터넷을 켜서

봤더니.

그때 처음 세월호란 것도 알고 그랬는데, 제가 봤을 때는 배가 15도쯤 기운 사진이 인터넷에 올라와 있더라고요(한숨). 갑자기 제가 놀래가지고 소리 지르고 그러니까 직원이 함께 내용을 읽어보더니, "거기가 뻘이라서 배가 확 넘어가는 거 아니고, 천천히 기울고, 조금 기운 상태니까 걱정 안 해도 될 것 같다"고 기사 내용을 보고 그러더라고요. 그걸 들으면서도 걱정이 되서 학교로 전화하니까 계속 통화 중이잖아요. 그래 가지고 애 아빠한테 전화했어요. "학교를 가봐야 되지 않겠냐?"고 해서 애 아빠 와가지고 같이 학교로 가는데.

아니, 저희는 어떻게 연락받은 것도 아니고 그렇잖아요, 근데 인터넷에 날 정도니까. 그때 시간이 9시 한 20분? 일 시작하기 전이었으니까, 제가. 20분쯤에 알아서 10시쯤에 갔나, 학교를. 모르겠어요. 시간은 기억은 안 나는데, 무슨 방송차가 학교에[를] 장악을 했어요. 아니 저희가 들어갈래도 틈새를 비집고 들어가야 되는데… 아니, 그렇게 늦게 사고가 알려졌으면, 방송에 나온 것처럼 알려졌으면 언론차가 학교를 장악하면 안 되는 거 아니에요? 학교 입구서부터 운동장에는 방송 중계차가 완전히 꽉 차 있었고요. 학교 들어갈려 했더니 못 들어가게 하더라고요, 들어갈 데가 없대요. 그래서 차를 앞에 있는 공원에 주차를 해놓고 학교를 들어갔는데… 건물 안에는 방송국 사람들이 너무 많아서 비집고 들어갈 틈이 없을 정도로 와 있었어요, 학교에. 학교에서는 어떤 연락도 없었고.

저는 그 배가 그렇게 늦게 출발한 거는 그때 알았어요, 사고 난 뒤에. 보통 애들이 전화하기도 했었고(한숨) 안개가 심해 가지고 배가 안 간 걸 제가 모르고 있었고. 교실로 갔는데 어디 가서 누구한테 물어봐야 될지 몰랐고, 사실 담임 얼굴도 몰랐거든요. "어떻게 해야 하냐?"고 우왕좌왕하고 있는 사이에 "강당으로 모여라" 하더라고요, 설명을 하겠다고. 각자 부모들이 자기 아이 교실에 가 있었으니까. 부모들이 누군지도 모르고, 그해에는 차웅이 2학년 때 총회도 못 갔어요. 그래서 담임 얼굴도 모르는 상태였었고.

강당을 가라고 해서 많이 보고 들을려고 제일 앞쪽 한가운데에 앉았어요 제가, 차웅이 아빠랑 무대 앞에. 설명이라고 해서 누가 와서 했는지 교감인지 교장인지, 아니 교감이 아니고 교장 선생님이겠구나. "구조가 다 됐다"고, 다른 건 기억이 안 나요. "애들 다 구조됐다"고 앞에서 마이크 들고 이야기를 하더라고요. 그래서 얼싸안고 "잘됐다"고 "다행"이라고 그랬었고, 어떤 부모들이[은] "아니다"고 못 믿는다고 그랬고. 모니터에다가 방송을 띄워놓았었어요. YTN인지 뭔지 모르겠어요. 그 방송에도 "전원 구조"라고 뜨더라고요. "전원 구조됐다"고 그러면서, 제가 10시 좀 넘어서 학교 도착했나 봐요. 11시 넘고 생존자 애들한테서 전화가 왔었어요, 생존자 아이한테서. "어디 무슨 섬에 있는데, 옷도 없고 다 젖어서 춥고, 어떤 아이는 다치고 그래서 다리가 골절되고" 그런 이야기를 하더라고요.

차웅 엄마 김연실

면담자	생존 학생 부모님한테 전화가 온 거예요?

차웅 엄마   그 부모님한테 전화가 온 거죠, 아이가. 그러면서 마이크를 대고 했는지, 주변에 누구 있는지 물어보고 그런 상황들이 생겼었어요. 저희가 생각했던 게, 어떤 분들은 "전원 구조가 믿을 수 없다" 그랬고, 아이들도 모른대요. 주변에 몇 명만 있는 것 같더라고. "친구들 어떻게 됐는지 모른다"고 그랬고. 여기저기서 말들이 많잖아요. "직접 가야 된다" 어쩌다가… 안산 시장님이 그때 거기 계셨던 거 같아요. 시장님도 전원 구조 이야기를 하시더라고요. 그런 기억이 나요. 그래서 가족들이 "직접 가야겠다", "아이들을 직접 데려와야겠다", "눈으로 확인해야겠다" 그런 여론이 되면서, 시장님이 "차를 대여를 해주겠다"고 해서.

아마 12시 넘었을 거예요. 애 아빠가 차를 가져갈려 하더라고요. 목포가 멀잖아요, 진도는 더 멀 것 같더라고요. 사고 나기 1년 전에 외할아버지 생신이여 가지고 진도대교로 가서 거기서 하룻밤 자고 그랬거든요. 멀다는 기억만 나서 "이 정신에 우리가 갔다가 애 태우고 올라면 운전이 얼마냐, 그러지 말고 일단 버스로 갔다가 오는 건 택시로 와도 되고 기차로 와도 되고, 뭐 걱정이냐?" 그리고 "옷은?" [하고] 걱정하길래… 집에 들렀다 가재요. "언제 집에 들렀다 가냐? 옷이야 거기서 사 입히면 되지" 전 마음이 급했거든요, 마음이 급해서 버스로 가자고.

버스를 대절을 여서 일곱 대 됐을 거예요. 부모들이, 버스 탈 사람 적으라고 했을 때 적었었거든요. 물론 순서대로 못 타긴 했는데, 일단 버스가 오길래 네 번째 차인가 탔던 것 같아요. 마음은 1번 [버스를] 타고 싶었는데 부모님들이 워낙 많으니까. 타고 가면서 제 친구, 동창회 회장한테 전화를 했어요. "사실은 여만저만해서 배가 기운다는데 그 배에 우리 아이가 있다. 혹시 목포에, 진도라고 하는데 거기 가서 상황을 알아볼 수 있는 친구 있으면 섭외 좀 해줘 봐라" 내가 그랬어요. 버스도 바로 출발 안 했어요. 버스 다 채워서 출발하느라고 한 20분인가 기다렸었을 거예요. 한참[지나서] 출발을 했는데, 그 버스에 시청 직원하고 선생님들, 학교 관계자들이 탔었어요, 그 버스마다 다.

가는데 제 친구한테서 전화 왔어요, 제가 부탁한 친구한테. 거기에 119 헬기, 걔가 소방대원인지 모르겠어요, 있는데, "현장에 투입이 돼서 차웅이를 제일 먼저 찾아봐 달라"고 부탁을 했다고 하더라고요, 그러니까 기다려 보라고. 나중에 문자가 왔어요, 버스 타고 내려가는데. 그 친구가 회장한테 보낸 문자예요. "애들 다 구조를 해서, 여기 저기 섬에 흩어져 있어서 인원 파악이 안 된다. 아직 차웅이를 못 찾아봤다. 애들 다 모이면 제일 먼저 차웅이를 찾아보겠다"는 문자가 온 거예요. 그래서 제가 맨 뒤에서 선생님을 불렀어요. 제가 그 문자를 선생님한테 보여주면서 "방송 같은 거 안 믿어도 현장에 출동했던 구조대원이다" 하니까, 그 대원이 보낸, 그것도 친구 문자잖아요. 그 문자를 보고 저는 100프로 믿었어요, 그 말을. 그래서 선생님한테 "이 문자를 엄마들한테 읽어주세요" 그랬는데 안 읽어주는 거예요. 전원 구조라니까, 구조가 아니란 걸 선생님들이 알았는가 봐요. 선생님들도 전원 구조라는 말을 믿었으면 그 문자들을, 부모들이 애가 타고 가잖아요, 문자를 읽어줬을 만도 한데 본인만 보더니 전화기를 저한테 줘버리더라고. 그리고 자기 자리로 돌아가는 거예요, 선생님이. 선생님인지 행정직인지 기억은 안 나요, 누군지는 모르는데. 부탁을 했는데 안 읽어줘서 너무 서운한 거예요, 저는.

그래서 제가 앞뒤, 옆에 있는 부모들한테 이야기를 했어요. "현장에 구조대원이 출동을 했는데, 구조대원이 애들 다 구조됐다고 문자가 왔다. 우리 걱정하지 말자" 그렇게 하고서 갔어요. 한참 갔는데, 여기저기서 전화 오면서⋯ 아, 큰애한테서 전화가 왔나 봐요. 큰애가 전화를 하면서 "괜찮아, ○○아. 다 구조됐다더라. 걱정하지 말고 수업 계속 받아" 그랬는데 다시 전화가 왔더라고, 한참 뒤에. 그러기 전에 모르겠어요, 인터넷에 떴는가 봐요. 누가 통보를 해준 게 아니고 부모님들이 인터넷을 계속 보면서 가신 거예요. 신랑도 봤다 하더라고, 봤는데 차마 저에게 말을 못 하고 있었고⋯.

가는 도중에 시청 직원이 처음에 출발할 때도 한번 "방 누구 부모 탔냐?"고 물어본 적 있었거든. 우리 차에는 없었고, 그리고 또 한참 갔는데, 우리 신랑은 "정치웅이라 했다"고 하는데, 저는 이름이 비슷하잖아요. "여기 있다. 탔다"고 그랬거든요. 그러더니 한 번 확인하[데니 그냥 앉는 거예요. 그래서 애 아빠한테 그랬지요, 왜 차웅이 부모 탔냐고 물어봤는지 이유를 물어보라고 자꾸 했어요. 시청 직원한테 가서 물어보라고, 왜 차웅이 부모 찾는지 (한숨), 이

유가 두 개 중의 하나라고 생각을 했어요. 찾았든지, 잘못됐든지…. 애들 생사를 모르는 상황이었으니까 두 개 중의 하나라고 생각을 했는데, 신랑이 자꾸 앞으로 가서 물어보는 거를 주저하더라고요. 주저하길래 계속 재촉을 했어요, 제가. 그래서 가서 물어보더라고요, 왜 찾았는지를. 그 시청 직원이 말을 안 하더래요. 그때 차웅이 아빠가 감으로 '잘못됐다'고 느낀 거지요.

그 차에 계신 부모들이 다 놀래가지고 여기 저기 울기도 하고 그러고 있는 상태에서 큰아이한테 전화가 울면서 왔더라고요. "엄마, 차웅이 포털에 떴다"고. 그때부터 뭐라 할 수가 없더라고요, 큰아이한테. 제 전화기가 밧데리[배터리]도 얼마 없는데, 우리가 알고 나서 얼마 안 돼서 전화가 오기 시작하는데요. 온갖 기자들이 있잖아요, 알지도 못한 번호들이 계속 오고. 제가 전화기를 껐어요. 큰아이한테 이야기를 했어요. "엄마 전화기 꺼놓을 테니까 그렇게 알라"고. 가면서도 '아닐 거야'라고 생각을 했었어요. 아이들이 간혹 그런 거 있잖아요, 옷을 바꿔 입기도 하고 그러니까, '아닐 것이다. 잘못됐을 [잘못된 소식일] 것이다' 그런 마음을 되뇌이고 하면서….

그리고 가면서 안 게, 멀잖아요, 한참 가다 보니까 목포병원에 있다는 이야기가 신문에 났어요, 한국병원에. 그래서 신랑한테 그랬어요. "이 차가 진도 가는 차인데, 우리는 진도로 갈 필요 없잖아. 우리 애가 거기 없다는데. 우린 목포로 가야 되지 않겠냐?"고 그랬어요. 가서 직원한테 이야기해 보라고 했더니, "전화를 해봐야 한다" 그랬나 봐요. 전화를 해보더니 와서 한다는 소리가 "목포 톨게이트에다 내려줄테니까 가라"고 그렇게 이야기를 하는 거예요, 그 시청직원이. 처음에는 멍하다가 5분, 10분 지나고 나서 들으니까 어이가 없더라고요. "지금 이 상황에 우리를 거기다 내려주면서 알아서 가라는 게 말이 되냐?"고. 그렇잖아요. 아무 준비도 없이 그냥 막연히 가고 있는데, "톨게이트에 내려줄 테니 알아서 가세요" 그게 말이 되냐고요. 그래서 다시 이야기하라 그랬어요. "지금 이 상황이 택시도 없을 뿐더러 우리가 차를 가져가는 것도 아니고, 톨게이트에 내려줄테니 알아서 가라는 게 말이 되냐?"고, 다시 이야기하라고. "다른 차를 수배를 해주던가 대책을 세워야 되는데, 거기서 어떻게 찾아가라는 소리를 하냐?"고 내가 그랬어요.

애기 아빠가 다시 이야기를 해서, 다행히 시청에 애 아빠 아는 분이 소식을 들으셨나 봐요. 목포에 영업소가 있거든요, 회사 영업소가. 회사에서 노조위원장으로 계시다가 시청에서 일을 보고 계신 분이었어요. 그래서 거기 영업소에다 전화를 한 거예요, 차 하나만 보내달라고. 마침 안산에 있는 직원이 그쪽에 출장을 간 직원이 있었더라고요. 그렇게 해서 그 차가 목포 톨게이트로 나왔었고, 저희를 내려주느라고 차가 다 섰는데, '우리 말고 또 있는가' 하고 봤더니 우리밖에 없는 거예요. 버스가 몇 대가 갔는데, 내린 사람이 우리밖에 없더라고요. 그 순간부터 겁이 나기 시작하더라고요. 그전에는, 버스 안에서는 방법이 없잖아요. 그냥 '아닐 것이다'라는 생각을 하고 세뇌를 시켜가면서 '아닐 것이다'라고 생각을 했었고. 막상 차를 갈아타려고 하니까 그때부터 겁이 나는 거예요. 다시 그

53

버스 타고 나도 진도로 가고 싶은 거예요. 그래서 "이 차 안 타겠다. 나는 다시 버스 타고 진도로 갈래. 아니야, 우리 애 진도에 있을 거야"라고. 확인하고 나면 사실이 돼버릴까 봐 겁이 나더라고요. 근데 "가야 된다"고 그래서 회사 동료분들하고 병원을 갔는데….

9
차웅이와 만남과 장례 과정

차웅 엄마 　　(한숨) 갔는데, 정신이 없는 와중에 기자들이 왜 그렇게 많은지 들어갈 수가 없는 거예요(한숨). 그래 가지고 차에 수그리고 있다가 갔는데… 부모들이 있잖아요, 자기 아이들의 손가락만 봐도 알아본다고. 근데 영안실에 있더라고, 아이가. 먼저 앉으라 하더라고요, 저한테. 서 있기도 힘들었으니까 앉으라 해서 앉았어요, 앉았는데, 아이를 꺼내서 보여주는데, 저희 애 머리가 되게 짧잖아요. 그 더벅머리처럼 밤송이머리, 그런 머리였는데… 제가 앉아 있는데, 아이 머리가 보였는데 그 머리가 저희 아이인 거예요(한숨). 차라리 평범한 머리였으면 저기[아니라고] 했을 텐데, 그 머리를 딱 본 순간(한숨) 그다음부터 정신이 없었던 것 같아요. 어떻게 됐는지도 모르겠고… 모르겠어요. 다 구조됐다고 한 후에 그렇게 됐기 때문에… 그리고 아이를 확인하기가 참 싫었었지요. 확인했는데 진짜 우리 아이가 맞을까 봐. 막상 보고 나니까 아무 생각이 안 나는 거예요. 그러고 나서 기억이 별로 없어요. 어떻게 했는지 모르겠고… 그리고 밤… 모르겠어.

9시나 10시쯤 됐는데 학생 두 명이 들어왔다 하더라고요. 다음 날 보니까 그 아이들이 다 우리 반 아이, 차웅이랑 같은 반 아이였는데… 그때 두 학생이 더 들어왔다 했는데 아무 느낌이 없는 거예요. 그때부터 '아, 뭔가 잘못 됐구나' 하는 생각이 들었고, 그래서 1시쯤, 몰라 몇 시쯤 되는가 모르겠는데, 애기 아빠 친구가 그러더라고요. "여기 계속 있을 거냐, 여기 계속 있어봐야 뭐 할 거 없는 것 같은데, 안산으로 올라가자" 하더라고요. 그쵸, 그날 사고당한 애들은 아무것도 준비가, 뭐 할 수도 없고, 애들은 배 안에 있었던 상태였기 때문에 누가 뭐 결정해 주고 그런 게 아니라, 이미 우리는 그렇게 됐으니까 거기서 할 게 없었어요. 할 게 없어서 친구분이 "장례식장 알아봐 줄 테니까 데리고 올라가자" 하더라고. 가만히 생각해 보니까 거기 있을 이유가 없더라고요. 저도 그러면 "올라가겠다" 해서, 그때 늦은 시간이니까, 거기 학생 부모한테도, 저는 모르는데, 애 아빠가 이야기를 했었나 봐요. 한 가족은 간다 그러고 한 가족은 안 간다 그랬나 봐요.

거기서 새벽에 출발했던 것 같아요, 119로. 여기서도 준비가 안되어 있었죠. 근데 한 가족은 안 오기로 했는데 그 가족도 따라왔었어요. 세 아이가 같은 날 같이 올라왔어요, 동시에. 근데 우리 가족들이 다 내려왔잖아요. 저는 차웅이랑 같이 올라가고 싶었는데, 애 아빠가 "가라, 큰일 난다. 안 된다. 내가 데리고 올라갈게" 그래서 아빠 친구하고 애 아빠하고 차웅이 같이 올라오고, 저는 가족들

차 타고 올라와서 집에 잠깐 들렀어요. 아무 준비도 없이 갔었고…
'이제 장례식을 치러야 되나 보다' 해서 옷도 갈아입어야 되고, 그
때 출근복이었으니까. 그러고 있는 사이에 애가 도착을 했었나 봐
요. 신랑이 아무도 없다고 막 화를 내더라고요. "애를 기다리고 있
어야지. 엄마가 오지도 않고 뭐 하냐?" 그래서 "준비하느라 그랬
다". 119 차가 훨씬 빨리 온 거예요, 그 차가. 우리는 승용차로 오
다 보니까 좀 늦게 온 거고.

아는 분이 고대[고대병원]에 인연이 있어서, 고대에다 세 개를
잡아놓으시더라고요. 그래서 무작정 장례식을 진행을 한 거예요,
아무 저기도 없고 그냥 개인 사고처럼. 아이가 없으니까, 사망을
했으니까 '장례식을 치러야 되나 보다' 생각을 했었고. 당시에는 하
루, 이틀 그렇게 아이들이 다 돼버릴 거[죽어서 올라올 것]라는 생각
[도] 못 했고 나만의 일이었어요, 그때는. 내 아이만 죽었고. 한 두
세 명 있었지만 '내 아이만 내 곁을 떠났다'고 생각을 했기 때문에
남들, 장례식, 합동 그런 거 아무것도 생각 못 했어요, 그때는. 애
들 다 살 거니까, 살았을 것이고 그 안에 몇 명이 들어 있는지 그때
당시 우리는 몰랐고, 내 아이만 보고 있었으니까. 이미 떠나버린
애를 붙들고 있었기 때문에.

근데 또 병원에 언론인들이 장례식장 출입구에 한 10 몇 명, 카
메라가… 새벽 6시부터 저녁 10시까지 아예 고정해 놓고 있었어
요. 밖에도 나갈 수도 없었고, 장례식이 하루 지나고 이틀 지나고
하면서 방송을 볼 수가 없어요, 장례식장에 TV가 있거나 그러지

않으니까. 주변에 사람들이 와서 해주는 이야기, "애들 배 안에 다 있대" 그런 이야기 들으면서 "어, 이게 아닌가 보네. 일이 굉장히 크네", "우리 애만의 문제가 아니네" 그러면서 장례식이 길어지는 거지요. "그러면 애들을 기달려야 되나, 같이해야 되나?" 그러다가 4일째 되는 날부터 애들이 수십 명씩 올라왔다 하더라고요. 그러면서 무슨 소리 들렸냐면 "왜 개별 장례식을 하냐"고, 진도에서 그런 이야기가 나왔다 하더라고요. 그때 본인들의 아이들 사망을 확인하면서부터 그랬던 것 같아요. "왜 개별 장례식을 하느냐?"고.

하지만 그때 당시 아무도 우리를 봐주지도 않았고, "어떻게 하라" 해주는 사람도 없었고, 누구 시청 공무원 직원들 와서도 그냥 서 있을 수밖에 없었고, 할 이야기도 없어서, 장례식장도 저희가 잡았고 저희가 한 거지. 그때 인원이 많아지니까, 아이들 사망자들 나오니까, "왜 니네들이 마음대로 장례식을 하느냐?"고 하는 소리가 들리는 거예요. 한 5일째 되는 날 사실은 발인을 하려고 생각을 했었는데, 우리가 허겁지겁해야 될 이유가 없겠는 거예요. 4일째 되는 날부터 장례식을, 발인을 해버릴라고 했었는데 우리가 몰래 허겁지겁하는 것 같은. 그때는 아이들 장례식은 없었어요. 발인은 없었어요. 〈비공개〉

그러면서 유가족이 한 분 두 분 모인 게 10 몇 분 모였었어요. 그러면서 아이들 장례식, 안산에 있는 장례식에 애들이, 장례식장에 아이들이 채워지기 시작하더라고요. 한 20명 가까이 됐었을 거예요, 한 3, 4일 지났을 때. 그러면서 (한숨) 유가족 회의란 것도 하고. 저희가 차웅이 7일장을, 그 첫날 올라온 세 명은 7일을 했었어요. 처음에는 5일째 때 할라고 했는데 저희가 몰래 하는 것 같은 느낌이 들더라고요. 그래서 "우리도 애들 기달려 보자" 하다가, 그러면서 4일째 5일째 애들이 [올라오면서] 하면서 무슨 이야기가 또 나왔냐면… 애들 장례식장에[이] 없어서 주변 수원, 인천, 안산 근교에 있는 장례식장이 전부 대기 중이라는 거예요, 장례식장이 없어서. 안산에서 수용할 수 있는 인원이 얼마 안 되더라고요. 전 장례식장 다 해도 안 되더라고요. 그래서 계속 가족들하고 회의를 했지요, 의논을. 애를 계속 붙들고 있을 건가 보낼 건가 의논을 하면서… 저희는 개인적으로, 제가 그랬어요. "아이가 힘들게 갔을 텐데, 애들 보내주자" 그러면서 다른 가족들도 "그렇게 하자. 보내자"고 하면서 다른 가족들도 그런 가족들이 늘더라고.

진도에서 냉동고를 짓는다는 이야기가 들리더라고요. 애들이 갈 데가 없어 가지고, 보관할 데가 없어 가지고. 훼손 심한 애들도 많고 해서 냉동고를 짓는다는 이야기가 들리더라고요. 애기 아빠 친구가 그러더라고요. "계속 있다가는 애 언제 장례를 치를지도 모른다. 1년, 2년 갈 수도 있고, 애들이 다른 사고처럼 한꺼번에 찾는 게 아니다 보니까 언제 될지도 모르고… 지금 애들 상황이, 진도 상황이 진짜 전쟁과 다름없다. 그 많은 아이들이 한꺼번에 안산으로 몰려오면… 어떻게 될지 모르겠다" 그런 이야기를 하는 거예요. 우리는 닥쳐보지 않았으니까 걱정이 되잖아요. 그러면서 "보내주자" 그러면서 7일째 되는 날 애들이 공식적으로, 공식적이란 표현도 그렇지만, 아이들 발인을 한 게 11가족인가 그럴 거예요, 그날. 3일되는 아이도 있었고 4일되는 아이도 있었고, 저희는 또 홀수로 하잖아요. 그래서 7일째 되는 날 차웅이 장례식을 치렀어요, 그냥 애를 보내고.

애들 갈 곳도 정해지지 않는 상태에서 처음에는 하늘공원 이야기가 나왔어요. 그런데 직접 가신 분이 "거기는 밖에 있어서 장소가 그렇다"… 그래 가지고 새로 알아본 게 저는 화성이라 그래서, 차웅이는 서호에 있거든요. 저희 아이들만, 새로 지었는데, 수용공간이 돼서 저희 아이들만 받아준다고 그 이야기만 듣고 거기로 가서 차웅이를 거기다 놓고 왔어요, 처음에는. 나중에 막상 도착해서 보니까 어떤 것도 안 되어 있더라고요. 그리고 그 교육청에서 말했던 우리 아이들이[을] 다 수용해 줄 수 있다는 일반관[서호는 종교별로 공간이 구분되는데, 뒤에 공사된 비종교관을 뜻함]은 공사도 완료 안 됐고 한 일주일 뒤에 완성이 된다고 그렇게 이야기를 하더라고요. 준비가 하나도 안 되어 있었어요. 그러면 "단원고 학생들 어디 있냐?"고 하니까, 첫날 거기, 그날 아이들이 거의 그쪽으로 왔었을 거예요. 종교가 저는 없는데 먼저 온 애들이 천주교 종교를 가지고 있는 아이들이 있었나 봐요. 그 아이가 거기[천주교관에] 가다 보니까 다른 아이들도 그냥 그 옆으로 간 거예요, 종교와는 상관없이 친구 따라서 거기 아이들이 몇 명. 나중에 보니까는 여기저기 애들이 다 나누어져 있었더라고요.

지금 차웅이 보내면서 아쉬운 게, 그 일주일 동안, 입관하기 전

며칠 동안 볼 수 있는 기회가 있었는데 못 본 게 되게 아쉬운 것 같아요. 아빠는 형님들 오시고 뭐 하고 그러면 몇 번 가서 차웅이 얼굴을 봤는데, 저는 확인할 때 하고 입관할 때 그렇게밖에 못 봤으니까. 그때는 미안하고 그런 마음으로 애 얼굴을 못 봤던 것 같아요. 사진도 못 쳐다보겠더라고요. 장례식 치르는 동안 똑같은 사진인데 애가 울고 있는, 아니 웃고 있는 듯하는 표정인 거예요. 사실 사진을 제대로 못 쳐다봤어요. 못 쳐다봤는데, 입관하고 나서는 차웅이 얼굴이 똑바로 보이더라고요. 근데 좀 마음이 뭐랄까요. 한 5일쯤 돼서 입관을 했으니까, 당시는 아이들이 거의 다 잘못됐다는 이야기가 들린 후였잖아요. 사람들이 자꾸 와서 차웅이한테 효자라고 하는데, "차웅이 효자였더라". 처음엔 우리 아이만 그렇게 된 줄 알았는데, "엄마, 아빠가 걱정 안 하게 제일 먼저 왔으니까… 효자"라고 사람들이 와서 자꾸 그런 이야기를 하는 거예요……. 그러다 보니까 '그런가, 그래. 우리 아들이 빨리 와줘서 고마운 건가?' 그런 마음이 들더라고요. '다행이라고 해야 되는 건가, 이거를 다행이라고 해야 되는 건가?' 그러면서… 입관하면서 아이 얼굴을 보면서 너무 고맙더라고요.

근데 입관하고 나서 차웅이 사진이[을] 똑바로 보면서, 웃는 듯한 그 표정이 너무 미안하고 아픈 거예요. "너는 왜 웃니, 왜 웃고 있니?" 그랬거든요. 근데 보내놓고 올 때는 마음이 좀 편안했어요. 차웅이 보낸 날, 오는 날 "그래. 친구들하고 같이 있어서 좀 덜 미안하다" 하면서. 진짜 혼자, 혼자 만약에 거기다 놓고 왔다 그러면 못 왔을 것 같은데 친구들 있어서 조금 그러면서[덜 미안해하면서] 놓고 왔거든요. 놓고 와서는 '세상이 참 무섭다'는 생각이 들었어요.

10
차웅이의 마지막 순간

차웅 엄마　　　학교에서도 16일 날 제가 학교에 있을 때 애들 다 구조됐다는 문자 왔었어요. 왜 그랬는지 그게 참…. 그리고 일부러 학생이라는 신분은, 그냥 제 생각이에요, 학생이란 신분을 일부러 감추고 언론에는 다 구조했다고 나온 것 같아요. 왜냐하면 전원 구조라고 언론 나오기 전에 차웅이는 이미 발견이 돼서… 그것도 어업지도선에서 차웅이가[를] 처음 발견을 했었다 했고, 거기에서 발견해서 건졌을 때 실신 상태에 있었다 하더라고요. 그건 모르겠어요, 언론에 그렇게 나와 있었으니까. 심폐소생술을 하면서 123정으로 옮겼다 하더라고요. 123정에 옮겨서도 계속 심폐소생술을 했었고… 지난번에 김×× 씨한테 들으니까 그러더라고요. "123정에서 별로 한 게 없다"고 이야기를 하더라고, 본인이 차웅이 마지막을 보셨다 하더라고요. 화물차 기사님도 123정으로 올려 탔으니까 보셨는데, 123정 애들이 한 거 없다고. 근데 촬영은 해놓은 게 있더라고요, 123정에서. 차웅이 옮겨와서 심폐소생술하고 뭐하는 게 촬영된 영상이 있어요. 헬기 태워서 보내는 것까지 영상 있더라고요. 근데… 그분은 또 아무것도 한 게 없다고…. "그놈들 아무것도 안 했어. 차웅이 살릴려고 하지도 안 했어" 그러시더라고요, "내가 다 봤다. 차웅이 마지막 봤다"고 그러시는데…(한숨).

근데 그날은 귀에 들어오지도 않았어요, 그분이 하는 말이. 헤어지고 나서 며칠 지났는데 그 생각이 머릿속에 계속 맴도는 거예요. '좀 더 물어볼걸'. 근데 생존 아이도 그렇고… 힘들 텐데, 자꾸 우리 이야기하면 힘들까 봐 못 물어보겠더라고요, 차웅이 친구도 그렇고. 당시에는 그분한테 더 많은 이야기를 못 물어봤어요, 그분이 많이 힘들어 한다는 거 아니까. 근데 며칠 지나고 나니까 아쉬운 거예요, '더 여쭤볼걸. 더 많은 걸 여쭤볼걸'. 그때 당시는 아무 생각이 없어 가지고, 저희가 그게 문제인 것 같아요. 무슨 일 생기면 아무 생각이 없다는 거. 그냥 멍하게 있다가 며칠 지나야 갑자기 생각이 난다던가 그러더라고. 지금도 아쉬운 것 같아요.

면담자   김××씨는 언제, 어디서 만난 거예요?

차웅 엄마   저희가 작년 여름에 아빠 휴가 때, 큰애가 군대를 앞두고 있어서 가족이 여행 갈 수 있는 게[시간이] 없을 것 같아서, "제주도, 애들 수학여행 코스 돌아보자" 해서 작년 여름에 애들 수학여행 코스를 돌았어요. 돌면서 제주도에 계셨던 분들 중에 세월호 서명하신 분들을 페북[페이스북] 친구로 알게 돼서 그분들을 뵀어요. 그 장소에서 저녁을 같이 먹었는데, 그분도 제주도에 계신 분들이랑 같이 유대를 하시니까 오셨더라고요. 오셔가지고 이야기를 하는 중에 그 이야기를 하시더라고요. 그 자리가 놀러온 자리는 아니었지만, 무섭고 그런 이야기를, 그때 이야기를 중간중간에 나오 긴 하지만 우리 사적인 이야기를 계속하기도 좀 그랬었어요. 다른 분들도 계셨고, 한 10 몇 분이 계셨으니까. 그래서 계속 더 못 물어 봤어요. 그분이 하는 것만 듣고 집에 와가지고 혼자 좀 더 여쭤볼 건데 못 여쭤본 게 아쉽고, 그분이 들었을 때 '자식 이야기 하는데 그렇게 덤덤했나?' 그랬을 수도 있을 것 같기도 하고….

근데 무슨 이야기 들으면 아무 생각 없는 거예요. 차웅이 친구 들 중에… 1학년 때 같은 조에 있던, 조별로 뭐를 했던 것 같아요. 학교폭력 UCC도 찍고 그랬는데, 그 아이들이 일곱 명이 있더라고 요. 거기서 한 친구는 [수학여행을] 안 갔고, 한 친구만 생존을 했더 라고요. 생존한 친구로부터 다른 부모한테 전달을 해서 들었어요, 아침에 일어나서 오락실도 가고 했었다고. 그래서 아마 짐도 잘 싸 놨던 것 같아요. 차웅이 가방도 찾았거든요. 지현이 올라올 때, 그 때쯤 가방도 찾았는데, 양말은 안 꺼냈나 봐요. 양말은 다섯 개가 들어 있더라고요. 티만 꺼내고 다 쌌던 것들, 속옷 네 개 있고. '아 침에 그래서 얘가 빨리 나올 수도 있었나 보다, 밖에서 나와서 활 동을 해서'[라는 생각이 들더라고요]. 아이들이 아침을 먹고… 제주도 도착할 시간이 많이 남아서 자유 시간이었던 것 같아요. 내릴 준비 다 해놨고, 옷 갈아입고 그리고 친구들하고 오락실도 가고 매점에 가서 뭐도 사먹고 그랬던 것 같아요.

그 아이도 만나보고 싶고, 그 애 엄마도 만나서 더 이야기 듣고 싶고 그래요. 차웅이가 그 친구 전화로 저한테 전화했었거든요. 근데 그 친구가 같은 반이었다는 걸, 생존 학생이다 보니까 같은 반이란 걸 몰랐어요. 생존자가 누구누구인지 몰랐고, 제가 진도를 안 갔잖아요, 사고 날. 그래서 아이들 명단을 안 받았어요. 저희는 아무것도 받은 게 없다 보니까 누가 생존을 했고, 누가 같은 반이고… 사실은 몰랐고. 늘 보는 이름이 희생자 아이들 이름밖에 없었기 때문에 그 아이가, 그 생존한 아이가 같은 반인 거를 제가 작년 10월인가 11월에 알았어요. 마지막 전화는 그 친구 전화로 했다는 거는 알고 있었어요. 차웅이 휴대폰도 찾아서, 휴대폰 복원시켰을 때 그 친구 전화번호[를] 제일 먼저 찾았거든요. '이 친구 이름이 얘구나' 저는 다른 반이라고만 생각을 했었어요. 근데 작년에 보니까 같은 반이었더라고요. 1학년에도 같은 반이였는데 2학년에도 같은 반 되고 하니까 더 가깝게 지냈던 것 같아요, 그 반 친구들 중에서도. 그래서 그 친구 전화로 나한테도 마지막 전화 했었고, 아침에도, 전날에도 같이 놀고 그랬던 것 같아요(한숨). 물어보고 싶은데 또 못 물어보는 거[예요].

11
참사 직후 경험들

차웅 엄마   그리고 애들 장례식 치르면서도 아무도…, 그래서 지금… 미수습자 가족들의 심정이, 그분들하고 비교도 안 되겠지만, 저는 제가 소수였던 적이 있었잖아요. 아무도 안 돌아봐 주고 아무도 신경 안 쓸 때, 저는 아이 붙들고 애절한 심정이 있었기 때문에, 아이들 못 찾은 부모가 어떨까 [싶어서] 얼굴도 제대로 못 보겠어요, 그 부모들 보면. 그분들은 또 우리가 가장 부러웠던 적 많았었다고 하더라고요. 첫날은 우리가 되게 안됐었는데, 3일 동안은 저희가 안됐었다 하더라고요. 근데 3일 지나면서부터 '아이들이 힘들겠구나' 생각이 들면서부터, 아이들의 생존이, 구조가 아닌 찾는 게 돼버렸을 때, 수습해야 한다고 할 때부터 이미 수습한 아이들이 부러웠었다고… 그런 이야기들을 오셔가지고 하시더라고요.

차웅이 보낸 날 제가 마음이 편했었다고 이야기했었잖아요. 그 상황들이 계속되면서 저도 마음이… 받아들이는 거죠. '우리 아이만 아니고 상황이 그렇게 됐구나' 그러면서, 차웅이한테 고맙다는 생각이 들더라고요. '빨리 와줘서 고맙다' 그러면서, 보내면서 '너를 찾아서 편하게 친구들하고 보내줄 수 있어서 다행이다' 하면서 진짜 편안했는데. 다 끝나고 식당에 계신 분들이 계셨었는데, 차웅이 가르쳤던 사부님, 사부님이 두 분 계세요. 관장님, 말하자면 관장님을, 우리 애는 해동검도거든요. 해동검도가 우리나라 전통검도예요, 일본 검도가 아닌. 우리 애는 해동검도를 다녔거든요. 검도에서도 예를, 예와 충을 굉장히 중요시하고 있더라고요. 그래서 관장님을 관장님이라 안 부르고 태사부라고 부르고 사범, 가르치는 사범은 일본 저기[식이라] 하더라고. 그래서 사범이라 안 하고 사부라고 부르더라고요. 사부님이 두 분이 계시는데 그분들하고 같이 차웅이를 보내면서, 차웅이가 다니던 검도학원 밑에 식당에서 가족들하고 밥을 먹고, 다른 테이블에 소주 한 병씩 사드렸었어요. 저는 나오고 나서 아빠가 사부님하고 그렇게 하셨나 봐요.

장례식 치르는 동안 저도 깜짝깜짝 몇 번 놀란 게, 지방에서도 많이 찾아오신 분들도 계셨어요, 밤늦게. 제가 낮에는 거의 누워 있다가 밤에 잠을 못 자고 나오면은 새벽에 대구에서 오신 분, 전주에서 오신 분 그렇게 해가지고 집에 있다가는 도저히 있을 수가 없어서 무작정 나와서 올라왔다 하신 분들. 그렇게 늦게 오신 분들이 계셨어요. 그러면서 우리가 '아, 이렇게…[아픔을 함께해 주시는구나]'[했어요]. 솔직히 아주 친하거나 가족 아니면 얼른 안 가지잖아요, 장례식 때. 근데 어떻게 보면 생판 모르는 아이 장례식을, 지방에서 올라오시고. 어떤 젊은 친구들 남녀 네 명이 태안에서 놀다가, 결혼을 앞둔 친구가 있더라고요, 놀다가 방송을 봤던 거 같아요. 그러다가 "야, 지금 우리가 이럴 때가 아닌데…" 그래서 복장이 다 반바지 차림이더라고요. 그렇게 왔는데 막 미안해하면서 새벽 3시인가, 4시에 왔었나 봐요, 미안하다고, 이런 복장이라서 죄송하다고 하면서… 그냥 있을 수가 없어서 놀다가 갑자기 왔다고 그런 이야기를 듣고 하면서…(한숨).

그런 생각이 나가지고 안산 시민들한테도 고맙다는 의미로 술을 드렸는데, 그게 또 SNS로 타고 많이 전파가 됐더라고요. 저희가 뭐만 하면… 언론에 나오는 거예요. 그리고 차웅이… 사고, 사망자 뜨면서, 차웅이가 2학년 4반인데, 2학년 4반이 기자들의 상황실이었대요. 어떤 기자가 앉아 있는데… 그 기자가 앉았던 자리가 차웅이 자리였나 봐요. 그 기자가 자기도 모르게 "여기 차웅이 자리인 것 같다" 그랬대요. 그래서 모든 기자들이 몰려와 가지고 책상을 다 뒤진 거예요. 차웅이 노트며 뭐며 그 책상이 많이 [언론에] 나왔어요. 나중에 차웅이 장례식 다 치르고 제가 봤더니, 별 게 다 인터넷에 있고, 장례식이 뭐, 용품은 어땠고 그런 게 다 나온 거예요. 그러면서 제가… 밖에를 못 나가는 거예요. 장례식을 치를 때까지는 좋은 마음으로 오히려 '차웅이를 잘 편하게 보내서 다행이다' 하고 왔는데, 집에 와서…(한숨) 그게 SNS에 올라왔다는 이야기를 어떻게 들었나, 큰애한테 들었나 봐요. "엄마, 어제 아빠랑 식당에서 소주 한잔한 거 SNS에서 돈다" 그러고.

이틀, 삼일 지나고 나니까 갑자기 그 공포 같은 게 몰려오더라고요, 그게 대인기피증인 [게] 같아요. 그러면서 느끼는 게 '연예인들이 그래서 집 안에서 있다가 죽는구나. 이러다가 죽겠구나' 하는 생각이 들더라고요. 물론 가족들이 저를 혼자 두지를 않고 돌아가면서 계속 지키기는 했지만 밖에를 못 나가는 거예요, 현관문 밖에. 엘레베이터를 타면 누군가를 만나면 나를 알아볼 것만 같고. 저희가 이사 온 지 얼마 안 됐잖아요, 3년 됐다고 그랬잖아요. 차웅이가 그 집에서 딱 1년 살았어요. 저도 직장 다니고, 9층이고 하다 보니까 몰라요, 옆집만 알지. 누가 사는지도 모르고 했는데 사람들이 알아볼까 봐 인사라도 건넬까 봐 그게 공포스럽더라고요. 두렵고 그래서… 일주일 넘게, 열흘 넘게? 집에서 밖에를 안 나갔어요.

집 안에만 있었는데, 그런 와중에 애 아빠가 출근을 하게 됐어요. 우리가 막연하게 그런 거 있잖아요. 집에 어떤 경조사가 있으면 끝나면 출근을, 원상 복귀를, 그게 자연스럽게 된 거예요, 애 아빠는. "이번 주까지 쉬었다가 다음 주부터 출근해" 상무님이 그러시니까 "아, 예" 그렇게 돼가지고, 그때 당시 사실은 얼떨결에 출근은 하게 된 거예요. 출근 하자 안 하자가 아니라 장례식 끝났으니까 출근해야 된다고 자연스럽게 서로가 그렇게 됐던 것 같아요. 그때 복귀 안 했으면… 애 아빠도 직장 복귀 못 했을 거 같고…. 그러면서 제가 복귀를 못 했어요. 사람들 시선이 무섭고 두려워지면서 애 아빠 출근하고 없고 하니까 애가 계속 저를 하다가[돌보다가] 애도 학교를 가야 되잖아요. 처음에는 일주일 정도, 애도 학교에 [안 가고] 신랑도 있었는데 저 때문에 식구들이 아무것도 못 하는 거예요.

제가 분향소를 나가게 된 계기가 '식구들이 나 때문에 굉장히 힘들어하는구나' 그걸 느껴서, '내가 자꾸 괜찮다고 해줘야 저 두 사람도 조금 힘을 덜겠구나' 하는 생각이 들어서 계속 세뇌를 시켰죠. '괜찮다. 괜찮다' 그러면서, 처음에 올림픽회관[안산올림픽기념관]에서 애들 합동분향소 있었죠. 거기는 딱 한 번, 차웅이 외할머니 오셔가지고 분향소라고 차려졌다고 하니까 딱 한 번 가고 저는 한 번도 안 갔어요, 거기는. 애 아빠만 회의한다고 하면은, 가족회의 한다고 하면 참석을 했었고. 저는 한 번도 안 가다가 지금 화랑유원지로 옮기고 나서도 한참 있었을 거예요. 차웅이가 21일 날, 22일 날 발인을 했나? 그리고 나서 5월 달에 처음 분향소로 가기 시작했는가?

그러기 전에 2학년 4반 밴드라고 만들어서 저한테 초대를 했더라고요. 근데 초대가 왔는데 수락을 못 하겠더라고요, 무섭더라고요. 자기 아이들 찾지도 못했는데 장례식 했다고 저한테 화낼 것만 같은 거예요. "아이들 안 기다려 주고 니네만 장례식 했냐" 할까 봐 그런 게 처음에는 되게 무서웠어요. 무서워 가지고 어디에도 가지 못했고, 뭣도 못 했는데… 그러다가 어떻게 했다가 분향소라고 처음 가게 됐던 것 같아요. 처음에 가서 뭐 했는지 기억은 안 나요. 그러다가… 5월 중순쯤인가 인터넷에 이상한 게 올라왔더라고요. 봤더니 차웅이 사진이더라고요. 차웅이 그 배에[서] 심폐소생술 하고 뭐 하는 장면에 얼굴 이상하게 나온 사진 있더라고요. 그래서 언론이란 거, SNS이란 거 공포가, 처음이다 보니까 그런 걸 많이 겪었어요.

면담자　　　그거를 어떻게 올렸어요?

차웅 엄마　　　사진이 이상하게 얼굴이 반 정도가 없어요, 뭉개져 가지고. 사진을 올린 사람들이 뭐라고 했냐면, 그 사진 한 장을 올려놓고 "이게 어떤 상황인지 추리해 보세요"라고 SNS에 올렸어요. 다음 아고라에 사진 한 장 올려놓고 "어떤 상황인지 추리를 해보시오". 근데 그거를 보고 어떤 사람이 장문으로 쓴 거예요. 추리를 한 거예요. "계란 썩은 냄새가 난다" 그랬었고, "이거는 폭발을 해서 얼굴이 이렇게". 아까 제가 뒤통수만, 머리카락만 봐도 저희 아이라고 알아봤다 그랬잖아요. 얼굴이 반이 없다 한들 제가 저희 아이를 몰라보겠어요. 입고 있는 옷이 우리 아이고, 손을 봐도 우리 아이고, 머리를 봐도 우리 아이인데… 그래 가지고 제가 변호사… 그러면서 거기를 계속 나가게 된 거 같애요. 변호사님들 만나고 상담하고 하면서, 그때는 복지사가 누군지, 시청 직원이 누군지, 유가족이 누군지도 모르고 그냥… 나갔었고.

또 차웅이가 구명조끼를 벗어줬단 이야기를 제가 목포병원에… 모르겠어, 어떤 상황이었는지. 기자들이 좌우지간에 인터뷰할려고 온갖 애를 써서 거짓말을 하고 그러면서, MBC인가 KBS인가 모르겠어, 와가지고 3방송[세 개 방송사]을 공유를 하겠다고, 인터뷰 한 번만 해주면 세 방송에 여러 번 하지 않게 공유를 하겠다고 해서 애 아빠가 인터뷰를 했는데, 자기만 하고 홀랑 날라버린 거에요. 또 다른 방송국에서는 "누구는 해주고, 누구는 안 해주냐"고(한숨). 별… 언론의 스트레스가, 그것 때문에 또 죽겠더라고요, 난 죽겠는데. 그 사람들은 안 좋은 것만, 가족들이 오열하고 뭐 하는 것만 찍을려고 하는 것 같고.

나중에 한 기자분이 찾아왔더라고. 자기가 팽목항, 진도체육관에서 인터뷰를 하고 왔는데 차웅이 친구가 그 이야기를 해줬다면서, 그래서 찾아왔다고 자기가. 그니까 어떻게 해서 들어와서 저희가 기자들을 거의 다 안 만났는데, "자기가 그래서 꼭 뵙고 싶었다. 차웅이가 그랬다"고 인터뷰를 하고 왔다고 얘기를 해주시더라고. 또 그 말 듣고 나니까 또…, 그리고 나서 아마 제가 응급실로 실려 갔던 것 같아요. 나중에 방송 보니까 응급실에 있고, 이상한 사진이 나오고 그랬는데… 그래서 차웅이가 그랬다는 걸 처음 또 알게 됐었고. '살 수도 있었겠구나'라는 생각이 드니까 너무 또 속이 상한 거예요. 누가 살았든 죽었든 '그러니까 이 아이는 살 수 있는 아이였구나'라는 생각이 드니까… 그래서 되게… 힘들었었고…. 근데 지금에 와서는 정작 누구였는지 아무도 이야기도 해주지도 않고… 그러니까 그게 좀…. 내가 그 친구를 만나면 물어보고 싶은 이야기도 많은데… 내 욕심 차리자고 그 아이 찾을 수도 없고, 물어볼 수도 없고 그러네요.

면담자   오늘은 여기까지 하고, 다음에 또 한 번 하겠습니다. 힘든 이야기 해주셔서 감사합니다.

차웅 엄마   네.

2회차

2016년 2월 16일

1
시작 인사말

면담자　　　본 구술증언은 4·16 사건에 대한 참여자들의 경험과 기억을 기록으로 남김으로써 이후 진상 규명 및 역사 기술에 기여하고자 합니다. 오늘은 2016년 2월 16일이며 김연실 씨의 증언을 시작하겠습니다. 장소는 정부합동분향소 내 불교방입니다. 면담자는 김향수이며, 촬영자는 이영롱입니다.

2
명절과 큰아들 입대와 휴가

면담자　　　안녕하세요. 저희 저번에 뵙고 2주 만인데 어떻게 지내셨는지요?

차웅 엄마　　　중간에 명절 있고 해서 좀 바빴던 것 같아요, 마음이. 아니, 마음이라기보다는 기분이 처지죠. 명절이 돌아오면 '뭐를 해야 되나?', '어디로 가야 되나, 말아야 되나?' 그런 고민들 많이 하고……. 가족들 만나는 거도 힘들어서 '가야 되나?', '음식은 뭐 차웅이 좋아하는 거 해줘야 되나?' 그런 생각들이. 무슨 기념일 전 일주일… 이렇게, 후유증이라 그러면 후유증이고, 일주일이 참 힘든 것 같아요, 날짜가 다가오면. 근데 정작 아무것도 못 하고 생각만 하다가 일주일이 훅 가버리고, 어떤 다른 활동도 못 하게 되고… 몸과 마음이 무거워지는 것 같아요.

할머니, 할아버지는 다 돌아가셨거든요. 할아버지는 작년에 돌아가셔서 부모님 없는 첫 명절을 시댁에서 보냈는데 저는 못 가고, 차웅이 아빠만…. 사고 후에 큰아이 데리고 갔었는데, 큰아이가 군대 가고 없어서 이번에 혼자… 갔다 와서…. 차웅이, 차웅이한테 못 들렀구나. 외가, 친정이죠, 저한테는. 제 부모님이 계시는데 연로하시니까 뵐 날이 얼마 없지 않겠냐고 가족들[이] 하도(웃음) 그래서 거기 참석을 했는데…. 참석을 하면서, 친정에 가면 마음이, 차웅이 생각이 덜 나는 건… 첫 명절, 사고 후 첫 명절 같은 경우에는 조카들이 다 있잖아요. 우리 아이만 없는 게 되게 힘들 것 같아서 안 가고 그랬었는데 지금은 큰아이도 군대 갔지만 또 조카들이 네 명이나 군대를 가 있어요. 부재가 많잖아요, 아이들의 부재가. 굳이 차웅이의 부재가 크게 안 느껴질 것 같더라고요, 추석 때보다….

설에는 더 생각나는 거 같아요. 애 아빠도 그러더라고요. 추석에는 다 같이 모여서 성묘하고 그렇지만 설에는 세배를 하는 문화가 있어서 세뱃돈 주고받고 덕담도 주고받고 하잖아요. 그럴 때… 설에 차웅이가 했던 행동들, 세뱃돈에 관련된 그런 에피소드가 많잖아요. 그런 생각들이 나니까 애 아빠도 작년 설에 되게 힘들었다고 하더라고요. 올해는 그런 거 조금 들 느꼈어요, 부재를. 그렇게 넘어갔어요, 이번 설도.

면담자　　　큰아드님이 군대 입대 언제 한 거예요?

차웅 엄마   작년 11월 3일 날 갔어요. 이병 (웃음) 아직, 지금 신병 휴가 나와 있어요. 내일 또 들어가요.

면담자   큰아드님 군대 보낼 때 걱정 안 되셨어요, 작년에? 어머님들이 "군대 어떻게 보내?" 이런 이야기들 한참 하셨던 것 같은데요.

차웅 엄마   14년도 사고 당시에는 4월 달에 사고가 나고, 큰아이가 신검받는 해였는데 7월 달에 신검을 받았어요. 그때는… 무조건 군대가 굉장히 부담감으로 다가왔었죠. 그때는 대학교 1학년이고 하니까 신검받는다고 해서 바로 가는 거 아니니까 보낼 마음이 없었어요, 그때 당시는. 한 아이를 그렇게 크게, 어이없게 잃어버리고 나니까 큰아이를 못 보내겠는 거예요. 그래서 되게 힘들었었는데, 사고 1년 지나고 하면서… 뭐라고 할까요. 주변에 그 루머들이 참 많잖아요. 세월호 희생자들은 온갖 혜택을 다 보고 군대 문제부터 대학 문제 등이 많이 대두가 되니까, 그런 걱정도 되더라고요. 만약에 이 아이가 어떤 이유로든 간에 군대를 못 가거나 면제가 된다면, 애는 평생 꼬리표가, 세월호 형제라서 특혜를 받았다는 꼬리표가 계속 따라다닐 것 같은 생각이 들더라고요.

그래서 한 1년 정도 지나면서 큰아이하고 이야기를 했어요. 원래 아들 둘이었기 때문에 군대는 무조건 당연히 가야 하는 거라 생각했었는데… 4월 16일 이후로는 그런 게, 그리고 또 정부로부터 받는 핍박이라든가 온갖 (한숨) 그걸 보면서, '이런 나라에 내 하나

밖에 없는 아들을 또 보내야 되나' 그런 생각들이 많이 지배를 했어요. 그 시간이 참 무서운 것 같긴 해요. 지나면서 어차피 나는 아이를 보냈으니까 평생 내가 그 아이를… 잊어버리지 못하고 가슴에 담고 살아야 되지만, 물론 큰아이도 그렇겠죠. 그런데 그런 것들 때문에 애가 사회생활 하는 데에 혹시, 자기는 아닌데 그런 사람들의 시선을 무시 못 할 것 같거든요, 남자들 세계 또 사회생활에서는. 그래서 이야기를 했고, 큰아이도 가겠다고 하더라고요. 말은 그렇게 하고도 되게 걱정이 많았어요. 되게 걱정은 많는데, 주변에 다른 형들이 가는 것을 보면서…. 큰아이도 친하게 지내는 동생도 가기로 하고 그런 거 보면서, 그런 이야기를 학교에서도 많이 하고 하면서….

근데 본인도 가기로 해놓고도 갈 생각을 안 하더라고요. 사실 2학년 1학기를 다니고 휴학계를 냈는데요. 휴학계를 내놓고… 아무것도 안 하고 쉬더라고요. 그래서 물어봤더니 "많이 힘들었었다"고. 사고 후에도 애는 계속 학교를 보냈었거든요. 지방대이기도 하고 해서 일부러 기숙사로 보내고, 원래 1학기는 통학을 했었거든요, 1학년 [때는]. "엄마 밥 더 먹겠다"고 해가지고(웃음), 저는 그 말이 너무 고마운 거예요. "기숙사 간다" 안 하고 "나 엄마 밥 더 먹을래" 그래 가지고 통학을 했었는데.

통학을 하면서 사고가 난 거잖아요. 그러면서 제가 정신도 없고 뭐 하지도 못하니까, 애가… 엄마가 마음이 안 놓이니까 아무것도 못 하는 거예요. 마지못해 학교를 가긴 하는데, 학교생활 제대로 못 하고 집으로 바로 와야 된다든가 그런 걸 보면서 제가 "2학기 때는 기숙사 갔으면 좋겠다" 해가지고 2학기 때는 기숙사를 갔었고, 2학년 올라와서는 "기숙사 너무 힘들다. 자취를 시켜달라" 해서 자취를 시켰고…. 걔도 걔만의 학교생활을 할 수 있게끔 그래야, 저도 좀… 힘들면 힘들고 슬프면 슬프고 그런 제 표현을 할 수 있을 것 같더라구요. 저도 큰아이가 있으면 마음이 안 놓이니까, 걔 걱정할까 봐 괜찮은 척 해야 되고 하는 게 서로 힘든 것 같아서 보냈었고.

근데 휴학계 내고 나서부터는 애가 180도 달라지는 거예요. 걱정이 돼서 물어봤더니 "사실 엄마 나 되게 많이 힘들었어" 그러면서 "나 그냥 아무 생각 없이 쉬고 싶어" 그러더라고요. 그렇게 해서 한 몇 개월은 쉬었어요. 여름방학 3개월, 4개월 그 시간 동안 저는 지켜보면서… 조바심이 좀 많이 났어요. 아이들 키우면서 조바심 같은 거 안 내고 강요 안 하기로 하면서도, 애들한테 '하기 싫어하는 거 강요하지 말자' 그래놓고도 시간이 자꾸 가니까. 얘가 나중에 복학도 생각해야 되고, 저는 막 앞서가는 거예요. 한 3개월 지켜보면서 '저러면 안 되는데, 저러다가 계속 쉬면 어떡하나?' 얘가 못 일어날까 봐 그게 또 걱정이 되더라고요. 애 아빠도 걱정하니까 "우리 재촉하지 않기로 했잖아" 그러면서도, 저는 더 조바심이 나는데 신랑은 그런 식으로 다독거려 주면서… 하다가, 군대가 요즘 인원이 많아서 내가 가고 싶다고 해서 가지도 못하겠더라고요.

그러다가 11월 달에 10월 말쯤인가, 매주 월요일 날 공석을 인터넷 접수를 받는 게 있어요. "일단 한번 해보자, 몇 개월 쉬었으니까. 한 번 한다고 되는 거 아니니까" 해서 신청을 하는데 한 번에 돼버린 거예요(웃음). 그거의 단점은 1주일 만에 가야 된다는 거. 신청하자마자 돼가지고, 군대 일주일 만에 갔어요. 먼저 군대 날짜 나온 친구들보다 더 빨리 가버린 거예요. 다행히 전방이나 그런 데 안 되고 증평에서 훈련을 받았고, 가까운 데로, 충청도권으로 된다 그래서 "잘됐다. 잘됐다" 했는데, 느닷없이 자대 배치가 부산으로 됐어요. 부산에서도 양산, 울산으로 나누어진다 하더라고요. 좀 걱정이 되는 거예요, 또(한숨). 그래도 후방이라 "다행이다. 다행이다" 했는데, 걘 부산에 남고 같이 갔던 친구들은 양산하고 울산으로 나뉘졌더라고요. 그래서 지금 현재 부산에서 복무 중이고, 3개월 지나서 신병휴가 3박 4일 나왔어요.

면담자　　휴가 때 만나서 어떠셨어요?

차웅 엄마　　제일 힘든 게 뭐냐면, 처음 보낼 때… 신병 보낼 때가 한 5주인가 되는데 연락도 안 되고 우리가 할 수 있는 거는 편지 보내는 거, 그리고 거기서 오는 편지 받는 거밖에 없어요. 거의 운동도 안 하고 있다가 가서 '훈련 같은 거 잘할까?' 그런 것 때문에…. 진짜 사소한 거 하나가 또 그리워지는 거야, 다시(한숨). 애들이 오는 편지 한 쪽에 사진 한 장에 감동하고 감격하고. 그러다가 수료식이란 거 하잖아요. 수료식 할 때, 첫 훈련소에 들여보내고 할 때 그때 많이 힘들어했는데… 저는 오히려 덤덤했어요, 신병 보낼 때. 우리 아이가 군대 간다니까 사람들이 너무 걱정하는 거예요. 아이가 하나 옆에 있을 때는 엄마들이 좀 낫거든요. 근데 보내 놓고 어떻게 할 거냐고 너무 걱정들을 하는 거예요.

오히려 갔을 때 행사 시작하기 전에 사회 보는 분이라고 해야 되나요, 중대장님인가 그런데, 그분이 하는 말에 '아, 그렇구나' 하는 생각이 드는데, 뭐라 하셨냐면 "여러분은 건강하기 때문에 군대를 온 겁니다"라고 이야기하는 말에 '그렇구나, 다행이구나. 애가 건강해서 군대를 올 수 있는 거는 참 좋은 거구나' 하는 생각이 들더라고요. 그리고 '살아 있으니까 군대도 오는 거구나' 그런 생각 드니까 큰아이 걱정보다는 자꾸 작은아이 생각이 나는 거예요. 남들 힘들다는 군대도 살아 있으니까 오는 거고 건강해야 오는 거고, 건강하지 않으면 못 오는 거니까요. 그런 생각에 큰아이는 크게 힘들지 않고 보낼 수 있었어요. 오히려 가가지고 작은아이와 체격이 비슷한 아이들만 보면은 작은아이가 오버랩되는 거예요. 그게 눈물 많이 나고 힘들었고.

애 보내고 돌아오는 길에 큰아이 걱정이 돼서 눈물이 난 게 아니라 작은아이 생각이 나서 많이 울었어요. 그 아이는 군대도 못 가보고 못 해본 것들이 많잖아요, 애들이. 그래서 좀 많이 힘들었고. 막상 집에 와서 큰아이도 빈 방을 봤을 때 밤에 많이 힘들었고…, 아이 앞에서는 진짜 웃으면서 보내줬거든요. 수료식 때 보고 되게 반가웠고, 좋았고. 그리고 한번 저희가 면회를 갔어요, 부산에. 의자에 앉아서 면회, 오전부터 들어갈 시간까지 계속 앉아서 이야기하고…. 어제 일요일 날 강변역에서 만나서 저는 뜨거운 포 옹이라도 하고 싶었는데 애가 사람들이 많으니까 "엄마, 안녕"(웃음) 이래서 "야, 충성 한번 해봐" 그랬더니 "쑥스럽게 그런 거 왜 하 냐?"고, "엄마 나는 그런 거 싫어" 그러더라구요. 집에 와서 작년에 는… 세배 그런 거 못 했는데, 올해는 그래도 거기[군생활] 하다 왔 잖아요. "너 세배해야지" 해서 세배받고, 세뱃돈 주고… 그랬어요 (웃음)(한숨). 근데 내일 또 보내야 되고… 올 때는 좋았는데….

면담자 잠깐 쉬었다 할까요, 아니면 그냥 할까요?

차웅 엄마 괜찮아요(웃음).

면담자 소중한 시간인데 오늘 나와 주셔서 감사드려요.

차웅 엄마 새벽까지 컴퓨터 하고 늦게 개랑 나랑 한 4시쯤에 잔 것 같아요. 어차피 잘 시간이고 이따 나가면은, 오늘은 모르겠어 요. 아침에 들어올라나, 휴가라고 친구들 만나기로 했는데 갑자기 군대가 결정된 형이 있어 가지고 그 저기하고 같이한대요[만난대 요](웃음). 나가면 술 먹고 좀 늦게 들어오겠지. 큰애가 원래 게임을 안 좋아했어요, 어려서부터. 제가 왜 이 이야기를 하냐면, 그랬던 아이가 아… 사고 후에 여름방학, 여름방학 지나고 나서인가요, 가 을쯤인가요, 체중이 갑자기 막 불었어요. 체중이 많이 불면서 컴퓨 터 게임을 하기 시작하더라고요. 1학년 겨울방학 내내 있잖아요, 낮에는 자고 밤에는 컴퓨터만 하고.

　차웅이가 형 눈치 보여서 컴퓨터에 게임도 못 깔고, 속도가 느려지고 뭐 하니까, 형이 워낙 안 좋아하니까 게임 하나도 어쩌다 깔라면 사정을 해서 깔고. 그래서 차웅이가 주말마다 PC방을 가고, 근데 큰아이는 PC방 가라고 떠밀어도 안 가고. 할 게 없다고 안 갔던 애가 게임에 빠져가지고 갑자기, 아빠가 출근할라고 일어날 때까지 게임을 하고 그런 생활을 하면서 체중이 급격히 늘어서… 한 5, 6킬로그램 더 쪘으면 군대를 면제가 될 정도로 있잖아요. 공익으로 갈 정도로 체중이 거의 20킬로그램 가까이 늘었었어요. 지금은 좀 빠져가지고 턱선이 조금씩 보이긴 하더라고요(웃음). 그 정도로 큰아이가 변화가 많이 왔었어요.

면담자　이전에는 어떻게 보냈던 거예요, 게임하지 않고 뭐를 했어요?

차웅 엄마　그림을 좋아하니까… 펜을 가지고 많이 놀거나, 컴퓨터를 하더라도 컴퓨터에 보면은 그것도 하나의 게임의 일종이긴 한데, 보통 남자 애들이 하는 게임, 싸우기나 기록 깨기 그런[게 아니고], 게임들이 건물을 짓고 마을을 만들고 나라를 만들어서 키우는 뭐 그런 건설 위주로 그런 거 많이 하더라고요. 디자인을 하다 보니까 애가 시각적으로 그런 영상이… 머리가 좀 있는 것 같아서, 그런 게임을 하거나, 아니면 지하철 카페 모임에 들어가서 지하철에 관련된, 역에 관련된 그런 정보를 주고받고, 중학교 때부터 그랬어요. 그래서 혼자 서울에 나가서, 출사라고 하더라고요, 나가서 서울 배경들, 역 같은 거 찍어 와서 공유하고… 그런 쪽으로 호기

심이 많고 관심이 많았지. 다른 아이들처럼 게임을 해가지고 점수를 올리고, 등급을 올리고 캐릭터를 사고 그런 거에 전혀 관심이 없어서(웃음).

그랬던 아이가 갑자기 게임을 했던 게, 무슨 숨바꼭질이란 게임인데요, 자기가 변신을 해서 숨어요. 어떤 사물로 변하기도 하고 그러면 변해 있는 사람을 찾아서… 아웃시키는 그런 게임을 새벽까지, 아침까지 하고 그랬어요. 지금 어떤 게임을 하냐면, 요즘에 남자들은 거의 다 하는 스타크래프트에 뒤늦게 재미를…. 그래서 경기를 보러 가고 그랬어요, 서울까지. 응원하는 단체도 있고 프로야구, 축구처럼요, 똑같이. 원하는 선수를 응원을 하고, 그 선수가 경기가 있으면 서울까지 가서 생방을 보고, 그런 생활을 하다가 군대를 갔어요. 어제도 보니까 집에서, 생중계 방송을 게임 채널로 돌려서 본다던가, 응원하고(웃음) 그러면서 저도 관심을 갖게 되더라고요.

면담자   어머님, 그 변화가 중요하다고 생각을 하시는 거예요?

차웅 엄마   그죠. 이 아이도 딴 데에다 집중을 하는 거죠. 집중하지 않으면 [힘드니까]. 왜냐하면 동생하고도 워낙 사이가 좋았고, 우리 작은아이한테는 롤모델이 형이었거든요. 형이었었기 때문에, 형이 고3 보내고 할 때 동생이 뒷바라지를 저보다 열심히, 형이 원하는 거 다 해주고. 청소, 설거지 다, 형이 먹고 싶다는 거 다 해주고. 내가 형한테 "너 동생을 이렇게 부려먹으면 돼?" 그렇게 잔 소리를 할라치면 "엄마, 형 고3이잖아. 나중에 나 고3 되면 형이 다 해주겠지" [하면서] 그렇게 형을 감싸고 그랬어요. 큰아이도 동생하고… 그런 이야기를 많이 했거든. "차웅이가 내 동생이라서 참 좋아"[라는] 소리를.

왜냐하면 가끔 형제들 간의 이야기를 하잖아요, 누나 있는 친구들, 여동생 있는 친구들이 많이 힘들어했고요, 여자들의 까칠함 그런 거를…. 중학교 때부터 "엄마 나는 차웅이가 동생이라서 너무 좋아", 친구들 누나, 여동생이 징징거리고(웃음) 자기 방 들어오지도 못하게, 자기 물건 만지지도 못하게 하고 그러는데, 차웅이는 형이랑 모든 걸 공유를 하고 형이 말하면 무조건 "응" 하고, 형[한테] 대드는 건 꿈도 [못 꿨고]. 어렸을 때, 초등학교 때는 좀 대들기는 했던 것 같아요. 형한테 몇 번 맞았다 하더라고요(웃음). 앞집 이모가 "아이구, 형이 동생을 참 야무지게 잡아" 그러더라고요. 그래서 그랬는지 형한테 대들고 말대꾸 그런 거 없었거든요. 그런 생각을 많이 하면서, "동생이라서 좋다" 소리, 그런 이야기. 저도 또 강요했어요. "니 동생만 한 동생이 어디 있냐?" 그렇게 그러면 형이 "그럼 엄마" 그러면서. 여전히 또 다른 동생 있는 거를 싫다 하더라고요. 차웅이 하나를 굉장히 만족하고.

그런 동생이 없는 거잖아요. 되게 힘들어했을 때, 6월 말쯤에 아이가 휴학계를 낸 그때쯤 제가 강아지를 한 마리 데려온 거죠. 그 강아지한테 그렇게 정성을 들이더라고요, 데려오자마자 "형, 내가 형이야" 하면서. 그걸 보면서 '얘가 말은 괜찮다고 하는데 많이 힘들었구나' [싶었어요]. 그래서 3개월, 4개월을 그냥 보내는데, 지켜볼 수밖에 없었던 게, 게임을 하다가 간간히 나와서 강아지하고 놀아주더라고요. 강아지를 수료식 때 데리고 갔었거든. 강아지가 갔다 오면서부터 현관문에서 자꾸 자더라고요. 겨울 내내 그러더라고요. 근데 큰아이가 딱 오니까 와아, 저는 우리 집에서 제가 1순위인 줄 알았거든요, 강아지한테. 셋이 있을 때도 그랬고 아빠랑 둘이 있을 때도.

면담자   밥을 주니까요.

차웅 엄마   네, 밥을 주니까. 아빠가 아무리 공들여도 맨날 자기는 2순위라고 서운할 정도인데요. 큰아이가 오고 나니까 저는 바로 밀려나더라고요. 그리고 현관문에서 안 자요. 지금 이틀 밤을 보냈는데, 오늘이 3일 째인데요, 현관문에 안 나가 있어요. '기다린 게 맞구나'. 우리가 농담 삼아 "쟤가 큰아이 기다리는가 보다". 현관문에 앉아서 현관문만 쳐다보고 있더라고요. 보면서 동물이긴 하지만 자꾸 작은아이 했던 행동들이 떠오르는 거예요. 저만 혼자 속으로 느끼다가 한 번씩 말을 뱉으면 애 아빠도 그러는 거예요. "당신도 그렇게 느꼈어, 나도 그랬는데" 해서 "정말 그런가" [했어요]. 그러면서 그 빈자리를 자꾸 이제… 강아지한테 정이 가고 신경이 가고, 큰아이도 자기가 형이라고 보살펴 주고 신경 써줘야 하는 동생이 생겼다고 생각하는 거 같더라고요. 그러면서 저희도… 차웅이한테만 집중됐던 시선들이, 생각들이 조금씩 강아지 하는 거 보면서 웃고 뭐하면서 조금씩 조금씩(한숨) 작은아이 없이 보내는 시간들이 자꾸 적응이 되는 것 같애요. 어쩔 때는 그게 좀 속상하기도 하고. 그러다가 무슨 기념일 같은 거, 이번 설처럼 돌아오면 또 많이 힘들고. 무슨 이야기를 하다가 이렇게 됐는지 모르겠지만 그렇게 보내고 있어요, 시간을.

3
첫 서명운동과 간담회

면담자 한 1년 8개월 지났죠? 그동안 국회 농성도 있었고 서명도 받고 여러 가지 일들이 있었잖아요. 그중에 기억에 남는 일이 있으세요?

차웅 엄마 많은데요. "뭐가 제일 힘들었냐?"고 물어봤을 때 제가 하는 말이 있는데, 저희가 분향소에서 작년에, 재작년이네요, 벌써. 서명 시작할 때는 서명 부탁을, 특별법 제정을 위한 서명을 부탁을 한다고 [하면], [서명을 해주시는 분들이] 무조건 100프로였던 것 같애요, 울면서 같이. 여기로 분향소를 찾아오시는 분들이셨잖아요, 다들. 그랬기 때문에 거의 100프로 서명을 해주고 했었는데 그러다가, 중간에 KBS 가가지고 청와대까지 또 1박 2일 농성도 하기도 했지만···. 그런 거 힘들 때보다 저희가 국회 의원회관에 가서 2박 3일 있을 때가 있었어요. 그때 그 사람들한테 받은 그 멸시 가득한 눈빛이 비참하고 힘들었지만 그래도 엄마, 아빠들이 옆에 같이 있으니까 서로 위로하면서 견뎌냈는데, 그 2박 3일 동안 저희가 뭘를 했냐면, 지키는 거 말고는 할 게 없었어요, 특히 낮에는. 그래서 정토회라든가, 중간중간에 시민들이 서명을 계속하고 있었어요. 그거를 우리가 지원 유세를 나가자 해가지고 지원을 나갔는데, 반이 10개 반이잖아요. 저희 반이 뽑힌 게 어디였냐면 영등포역 앞에 롯데백화점이 돼가지고 여의도에서 거기까지 걸어갔어요, 그 더운 날.

면담자   거기 다 땡볕인데 걸어가는 길도.

차웅 엄마   우리 피켓 만들어서 피켓 들고 사람들 보여주면서 걸어가자 했는데, 나중에는 후회를 했지만 그래도 어떻게 해요. 진짜 피켓 들고 국회의사당에서 영등포역까지 저희가 걸어갔었어요. 그렇게 걸어가서 서명을 시작을 하는데, 그때 진짜 엄청나게 많이 울었던 것 같아요. 저희들은 국민들의 대다수가 저희들하고 공감하고 같은 마음이라 생각을 하고, 서명대 나갈 때도 피켓 들고 떳떳하게 가가지고, 많은 사람들이 저희를 호응을 해줄 줄 알았는데. 저희가 분향소에서만 서명을 받다가 시민들을 직접 맞닥뜨린 첫 저기였던 것 같아요. 그 전에는 정부라든가 그런 싸움들을 하다가, 늘 찾아오시는 분들만 만나다가, 줄을 서서 계속 분향하고 할 때였으니까.

근데 막상 나가보니까 저희가 생각했던 거하고 너무 다른 거예요. 정치하는 사람들만의 그런 표정이 아니라 일반 시민들도 그런 분이 많다는 거를 처음 느꼈어요, 그날. 서명 유세한 2시간 동안 말은 거의 못 하고 울기만 했던 것 같아요. 지나다니면서 쳐다보는 사람들의 그 눈빛이라든가, 못마땅한 표정, '왜 이런데 나와서 시끄럽게 하나' 하는…. 어떤 할아버지는 일부러 신나는 노래를 크게 틀어놓고 자전거를 타고 주변을 돌기도 하고, "이렇게 한다고 애들이 살아 돌아오냐"고 대놓고 하는 분들도 계셨고. 그러면서 저희가 '우리가 생각이 잘못됐구나' 느낀 게, 지금도 첫 서명 나갔던 그날이 제일 힘들었던 것 같아요.

그때 저희 반 부모들이 한 10분 정도 계셨는데, 저희 반에는 슬라바라고 러시아 엄마도 있거든요. 그 엄마가 제 옆에 있었는데, 울다가 울다가 나중에 화를 내더라고요, "왜 이렇게 서명을 안 해 줘"라고. 말이 길지 못하니까 짧게 이야기하는데 제가 뭐라고 설명을 할 수가 없었어요. 저희들이 너무 몰랐던 거죠. 그 많은 인파들이 한 번 횡단보도 건널 때 거의 100여 명, 많을 때는 서로 부딪힐 정도로 많은 사람들이 오고 가고 하는데 거기서 서명은 불과 한 10명 정도. 물론 그 와중에 울고 그러신 분들도 많이 계시고, 뭐라도 사주고 가시는 분도 많이 있었어요. 그래서 그나마 버티기도 했지만, 그날의 기억을 저는 지금도 잊을 수가 없어요. 엄마들하고 이야기를 하면서 "세상이 우리가 생각하는 것과 다르구나", "우리가 너무 세상을 몰랐구나" 했어요.

그러면서 서명 전에 "유가족이 직접 참여하니까 많은 분이 서명해 줬다"는 이야기를 많이 들은 거예요. "그럼 우리가 계속 유세를 나가자" 해가지고 그때부터 지방에 계속 다녔던 것 같아요. 나가면서 우리가, 오히려 서울에서 그 백화점 앞에서 당하고 나니까, "우리 큰 기대 하지 말고 나가자"면서 서로 다독거렸던 거죠. "너무 큰 기대를 하지 말고, 우리 너무 많이 힘들지 말고 한 사람 두 사람을 봐서 하자" 그러면서. 그날 혹독하게 신고식을 치르고 나서. [그런데] 다 그랬던 거는 아니더라고요. 서울역이나 용산 그쪽에는 굉장히 호응도가 좋았는데 저희 반이 갔던 그곳의 지역 특성 때문에 그랬는지 그랬거든요.

그리고 지방 다니면서 저희 반이 이상하게 경상도 쪽으로만 많이 됐어요. 부산, 마산, 경주, 포항 매주 투표를 했는데 매주 투표를 하면 그렇게 지방으로만 됐었고, 전국 버스대회 할 때도 저희는 경주, 포항 그쪽에서도 1박 2일 했었고 하니까. 부산도 서명을 세 번 정도 했던 것 같아요, 간담회도 갔었고. 근데 서면에서 의외로 서명도 많이 받았어요, 부산에서도. 포항 가가지고 하기도 했지만 그런 분들보다는 오히려 더 잘해줬던 것 같아요. 첫 신고식을 혹독하게 치르고 나서부터는 항상 마음을 다지고. 우리는 항상 나가기 전에 이야기를 하거든요. "너무 많이 상처받지 말자, 힘들지 말자" 서로 다독거려 주면서 그렇게 하고.

울산 가가지고 여학생이었어요, 중학생 같았는데. 그래서 저는 울산 하면 안 잊어버려요. 그 여학생 두 명이 서명하면서, 당시에 저희가 서명전 할 때 아이들 명찰을 차고 서명을 했거든요. 그래서 차웅이를 기억해 주시는 분들이 많았어요. 첫 희생자로 나오고 그러다 보니까 기억하는 분이 많았는데, 그 명찰을 보더니 "차웅이 오빠 어머니이시구나" 그러면서 애가 울었어요. 그러고 서명을 해 주고 길을, 횡단보도를 건넜는데 그 학생이 다시 건너와 가지고 "제가 드릴 게 이것밖에 없어요" 하면서 주머니에서 막대사탕 세 개를 꺼내서 손에 쥐어주고 가는 거예요. 그러면서 힘내라고 가는데, 어머니가 아니고 학생이다 보니까 그게 더 마음이……. 지금도 기억이 나는 많은 것 중에 그 여학생이 기억에[서 지워지니 않아요]. 그 사탕을 먹지도 못하잖아요. 주머니에 놓고 있다가 너무 이쁜 애기가 있어가지고 제가 애기한테 주고 그걸 또다시 나눠줬던 거 같아, 서명하면서. 뭐라도 해주고 싶어 가지고 울면서 먹을거리를 바리바리 사다 주시고, 나중에는 먹을거리를 다 처리를 못 할 정도로, 넘쳐날 정도로 지방 다니면서 많이 받았고, 지금도 여전히 하고 계시잖아요. 이번에 집중 서명 진즉에[진작에] 넘었어요. 우리가 원했던 그거, 그런 거 보면서 '그래, 아직도 사람들이 많이 잊혀졌다, 잊혀졌다 하는데도 아니구나' 이렇게 느끼고.

간담회도 많이 다녔었어요, 지방으로 많이 다녔고. 춘천 간담회 가는 날 차웅이 가방 [찾아서], 그래서 춘천 간담회 갔던 날이 잊어버려지지 않아. 가방 찾고, 가방 찾았을 때는 아이들이, 지현이가 나오기 전이었어요, 한 10명이. 한참 가방들 찾고 있을 때 저도 찾고 싶은 마음이 있었는데, 차마 내색은 못 하겠더라고요(한숨). 아직 애들도 있는데… 그러다 지연이 나올 때, 여자아이로 추정되는 사람 찾았다 했을 때, 그날 차웅이 가방이 올라왔어요. 그때 제가 춘천 간담회 가는 날이었거든요. 그날 간담회 가서 맺어진 인연으로 언니, 동생 하는 분도 생겼고…. 저도 페북[페이스북]을 시작은 꽤 오래전에 했는데, 본격적으로 한 건 사고 후에 간담회 다니면서 페북 이야기를 많이 들으면서 서로 공유를 한다고 해가지고 저도 하면서…. 친구라고는 아이들, 아들내미, 신랑 이렇게 몇 명이었는데 갑자기 몇 백 명으로 늘어나고.

그런 와중에도 '우리가 그냥 모르고 넘어갔으면 좋겠다' 하는 내용들도 보게 되더라고요. 갑을 논쟁이라고, 어떤 일이든 간에 항상 100프로 찬성은 없는 거잖아요. 같이 공유를 하고… 세월호에 대한 저기[이야기]들을 하면서도 무슨 일이 생기면 항상 그 안에서도 찬반이 의견이 생기더라고요. 페북을 하다 보니까 이거를 기억하는 사람들 중에는 꼭 희생자만 위해서 하는 게 아니라 어쨌든 피해자도 있잖아요. 일반인들도 있고 생존자 아이들도 있고 하잖아요. 저희는 희생자 쪽이고. 무슨 일이 생기면, 예를 들면 지난번에 〈나쁜 나라〉 같은 경우, 생존자 애들 다 빼달라고 했을 때 그 아이들을… 그거를 이해를 하면서도 저희가 소소하게 상처를 받는 거예요. '그래, 저 아이들도 보호해야 [하는 것이] 맞는데, 진상 규명하고 사람들한테 알리기 위해서는 같은 저기인데…', 같은 배를 탔다고 생각을 했는데 '아니다'고 느꼈을 때 [생존 학생] 부모님들의 심정을 이해를 하면서도 약간은 서운한 감은 어쩔 수가 없더라고요. 처한 위치가, 제가 만약에 저희 아이가 생존 아이였으면 똑같았겠지만, 제 입장은 저희 아이가 희생됐으니까 그 입장으로 갈 수밖에 없고, 그 서운한 마음 드는 거. 그런 거 갖고 갑을 논쟁 하는 게 있는데, 보고 싶지 않다든가. 100프로 다 우리 마음 같았으면 좋겠는데, 거기에서 또 나누어지는구나 [하는 생각을 하게 되었어요].

또 우리가 하는 행동이라든가 우리가 하는 것들이 마음에 안 들어서, 본인도 스스로 화가 나서 화를 내다가 떠나가는 모습들도 보고 그러면서, 단단해지는 것 같기도 해요. 잡초가 날씨라든가 풍랑 속에서 강하게 버티는 것처럼, 예전에는 온실 속 화초였으면 지금은 밖에서 온갖 풍랑을 겪는 잡초가 되어가는 느낌. "그래, 우리 끝까지 버텨보자. 잡초가 얼마나 강한데" 그러면서. 일이 잘될 것 같으면서도 해결은 안 돼서… 물론 특별법 제정도 어쨌든 만들어서 반쪽짜리든 어쨌든 만든 건 굉장한 성과라고 이야기도 많이 했었고…. 또 다른 일이 생겼을 때는 우리가 만들어놓은 거기부터는 시작할 수가 있는 거잖아요. 저희는 아주 바닥에서부터 시작을 했다고 그랬고…. 한 1년 8개월, 9개월 가는 동안 애들 교실 문제가 또 생기고, 동거차도에서 인양하는 데도…(한숨) 저희가 거기 가서 감시를 해야 하는 일이 생기고. 뭐 하나 그냥 하는 게 아니고 일은 계속 생기고, 부모님들은 또 가면서 많이 지치고(한숨), 근데 해야 될 일이 있음으로 해서 저희가 또 버티는 것 같기도 하고요. 뭔가를 또 하면 좀 나으니까 그래서 피케팅도 하고.

제가 간담회는 많이 안 다녔어요. 지금은 안 다녀요. 『금요일엔 돌아오렴』하고 〈다이빙벨〉 그 간담회, 서명받고 할 때는 간담회 하고 서명받고 했었는데, 『금요일엔 돌아오렴』은 차웅이는 없 거든요. 그거하고 〈다이빙벨〉하고…, 〈다이빙벨〉 나왔을 때는 한 동안 가긴 갔었는데, 지금 또 〈나쁜 나라〉도 나왔잖아요. 〈나쁜 나라〉를 아직 못 봤어요, 못 봤는지 안 봤는지 모르지만. 제가 봐야 되는데, 물론 저희들이 해온 일이니까 안 봐도 이야기가 나오면은 술술술 나올 수 있긴 하는데, 요즘에는 간담회가 좀 뜸해졌어요. 교육청 피케팅 요새 하고 있어요.

면담자　　　간담회를 뜸하게 하시는 이유가 있으세요?

차웅 엄마　　한 번씩 갔다 오면 힘들어요, 사실은. 그때 이야기도 해야 되고, 아이 이야기를 해야 되고 하는 게 많이 힘들어요, 갔다 오면. 물론 힘 주시는 분들이 더 많아요. 간담회 장소에 온 분들 자 체가 관심 있는 분들이거든요. 근데 관심 있어서 오시는 분들도 "몰랐었다"고 이야기들을 많이 하니까 '간담회를 하면서 계속 알려 야 되겠구나. 이렇게 많은 분들이 모르는구나' 그러면서도 또 그때 이야기해야 되니까요. 어쩔 때는 어떤 생각이 드냐면, 저희가 배부 른 소리인지 모르겠지만 구걸한다는 느낌, 그런 생각이 들고 거기 찾아온 분들하고 저하고 자꾸 처지가 비교가 되는 거예요. '나도 여 기 유가족 자리가 아니라 저기 봉사하고 그러는 쪽에 서고 싶다'는 생각들, '내가 왜 유가족이 됐을까?' 자꾸 그런 생각들이 많이 들면 서 비교가 많이 돼요. 그래서 나갔다 오면 되게 힘들고.

　　　사실 혼자 다니지는 않거든요. 부모님들하고 같이 다니는데…,

"어디 가야 되는데 갈 사람이 없어"라고 부탁을 하면 거절을 못 하겠더라고요. 가기는 가는데 "나를 좀 빼줬으면 좋겠어. 나중에 정히 갈 사람이 없으면 전화해" 그러다 보니까…. 간담회 [할 때] 많은 사람들 앞에서 마이크 잡고 이야기하는 게 쉽지는 않는데, 지금은 걱정되거나 그러지는 않아요. 처음에는 마이크 잡으면 손에 진땀도 나고 떨리고 그랬는데 이제는 뭐… 민주노총 같은 데, 부산 가도 노조원들 뭐하는 데 가면은 1000명씩 있는 데 가서도(웃음) 하고 했었으니까. 그분들은, 찾아온 분들은 근로자분들이잖아요, 노동자, 근로자분들이니까 약자들[이고]. 대부분 자식 키우는 부모들이니까 많이 공감해 주시고 그런 것들.

근데 그런 생각이 든 다음에는 간담회가 많이 줄어들었어요. 요즘에는 전화가 거의 안 오니까(웃음). 근데 모르겠어요. 우리 경빈 엄마가 대외협력분과장 되고 승묵이 엄마가 스케줄 관리한다고, 전에는 시연이 어머님이 했는데, 그러는 거예요. "힘들텐데" 하니까 "내 전화, 전화 차단하면 안 돼" [하고] 농담 삼아[만 하더라구요]. 시연이 엄마가 그랬거든요. "사람들이 내 전화번호만 울리면 [안 받아]" 하고 승묵이 엄마한테(웃음) 대부분 반 위주로 부탁을 하게 된다 하더라고요.

4
분노, 화

면담자　　지난 1년 8개월 동안 분노했던 일, 화났던 일에 대해 말씀해 주세요.

차웅 엄마　　늘… 수시로… 일상이긴 하죠. 일상이긴 하고 청문회[를] 빼먹을 수가 없죠. 청문회 때 진짜 뭐…… 예상은 했죠. 우리가 원하던 대로 되지 않을 거라는 예상은 했지만, 그 정도일 거라고 생각은 못 했으니까. 그거 보면서 굉장히 분노하고 진짜 먹지도 못하고 잠도 못 자고, 어떻게 할 방법이 없으니까… 그냥 보고 듣고 해야 하는 그 자체가 되게… 좀 비참하다는 생각도 많이 들고. 왜 우리 아이들이 그런 취급을 받아야 되는지도 모르겠고, 막 화가……. 물론 재판 중에서도 그랬죠. 선원들 재판받을 때도 막 소리 지르기도 하고, 또 피해자들이 이야기할 때 부모들이 이야기하기도 하고 그랬지만. 청문회 하는 동안은 진짜…(한숨) 그거 지켜보는 내내 어이가 없었고 '진짜 우리 아이들이 억울하구나, 억울하다'는 생각이 참 많이 들었어요. 지금도 생생하니까 아이들이 있었을 때가, 애가 있었을 때 생각하니까…. 지금도 사진 보면서도 '애가 진짜 없는 게 맞는 건가?', '아닌데 엊그저께도 금방 나한테 요 얘기 하고 간 것 같은데' 그런 생각들이 들 때 화가 나고, 어떻게 표현하기가… 표현이 어떻게 안 되는 것 같아요.

　　늘 분노해 있고 화가 나고, 일상생활이 그러니까. 그리고 사소

한 것에 화가 난다는 거. 어떤 대상이, 그런 정치하는 사람이 아니래도 일반 생활에서도 화가 자주 나요, 분노가. 집에서도 어떨 때는 뭐 하다가도 안 되면 화가 난다든가, 예전에는 그러지는 않았는데 집에 같이 사는 사람한테도 사소한 거에 굉장히 화가 나고요. 동네에 나와가지고도 내 일이 아닌데도 누가 쓰레기를 확 버리고 가면 그게 화가 나고, 늘 화가 차 있는 것 같애, 저희가. 예전에는 '좋은 게 좋은 거지'라고 생각해서 제가 먼저 하고 남의 할 일도 "내가 먼저 할게" 해서 해주기도 하고 시댁 일도 그렇고, 항상 제가 먼저 나서서 하고 제가 일을 찾아서 하고 그랬는데 지금은 그런 게 다 부질없다는 생각이 드니까. 그리고 누가 남한테 조금만 피해를 끼친 걸 보면 굉장히 화도 나고, 근데 표출을 못 하고 혼자 차 안에서 분노, 소리 지르고 그러다가 음….

지금도 아이가 다니던 검도 학원 앞에 지나가는 게 제일 힘들어요. 지난번에 운동 삼아서 걸어서 다니다가 고 앞을 지나가는데 그때 아이들 소리가 나더라고요. 애들 수업 중이겠지요. 갑자기 그 소리에 저도 모르게 발이 멈춰 서서 자꾸 눈이 가는데 그 순간부터 눈물이 나기 시작하는 거예요, 길거리에서. 사람들이 쳐다보고 가고 차는 저 한참 뒤에 세워져 있는데(한숨), 가는 내내 눈물이 너무 나니까 주체할 수가 없는 거예요. 차에 들어가서 한참을 울다가 주차딱지, 주차 단속하는지도 몰랐어요. 한 30분 정도를 있었나 봐요. 특별히라고 하기보다는 늘 분노하고 화가 나고 그러는 것 같아요.

면담자   그럴 때 주로 어떻게 하세요, 그냥 운다고도 하셨는데요?

차웅 엄마　　음…… 그렇죠. 울기도 하고 집에 와가지고 아무 생각 없이 강아지랑 막 놀 때도 있고. 노는 게 아니라 어떻게 보면 괴롭히는 걸 수도 있어요. 예전에 작은아이한테 장난쳤던 거를 강아지한테 한다든가, 옛날에 애들 먹여주고 할 때 한 번에 안 먹여주고 장난을 해서 입이 오면 피한다든가 한 것처럼 그 아이[강아지]하고 앉아가지고 먹을거리 가지고 장난을 한다든가 그러고요. 예전에도 그냥 있다가 심심하면은 애 불러가지고 "엄마 한번 안아주고 가" 그런 말 했는데, 지금은 제가 강아지를 비비고 안고 그러는 거죠. 그러면서 시간을 보내는 것 같고요.

운전하면서 사람들이 조금 실수하고 그러면 저도 모르게 욕이 나와요. 누가 듣거나 그렇지는 않지만 혼자 욕을 하고 소리 지르고 화내고 괜히 누가 조금만 끼어들고 그러면. 그러면서 조금씩 속이 풀어지는 게 아니라, 분노나 화가 풀어…지거나 표출하는 게 아니고 계속 쌓이는 것 같아요, 그런 것들이. [소리를 지르고 화를 내면] 원래 시원해지고 그래야 되는데, 화내는 게 일상생활이 돼버리는 것 같아요. 화가 항상 차 있고, 누가 조금만 이해 못 하는 행동을 하면은… 혼자 화가 나가지고. 그러면서 전에 친했던 친구라든가 지인들이 보기 싫어지는 거예요. 나도 모르게 밀어내지는 것 같아요, 그래서 안 만나게 되고. '저 사람이 왜 나를 이해 못 해주지?', '저 사람들이 나를 이해해 줘야 하는 거 아닌가?' 그러면서 사람들을 괜히 나쁜 사람 만들고…. '똑같아, 저 사람도 똑같은 거 아닌가?', '혹시 우리가 돈 받았다고 저러는 거 아닌가?' 그렇게요.

누가 굉장히 힘들어서 애 아빠한테 돈을 빌려달라 했는데…, 예전 같으면 돈 빌려달라 했으면 제가 있거나 없거나 '많이 힘든가 보다' 생각을 했을 텐데. 언론에 보상, 배·보상받았다니까, '오죽 힘들었으면 우리한테 돈을 빌려, 우리 상황이 이런데 돈 빌려달라고 했을까?'라고 생각하면서도 그게 좋은 쪽이 아니라 '우리가 배·보상받았다고 하니까 돈이 있는 줄 알고 빌려달라고 하나?' 하고 자꾸 부정적으로 생각하는 것도…. 예전엔 긍정적이었는데 지금은 누가 뭐를 하던 간에 좋게, 순수하게 봐주는 게 아니라 자꾸 한 번 꼬게 되고, 그러면서 자꾸 마음이, 사람들을 점점 못 만나는 것 같아요.

나중도 걱정이 되는 게 지금 분향소도 있고 하니까 같은 반 부모님들도 만나기도 하고, 물론 그 안에서도 더 마음이 가는 사람이 있게 마련이거든요. 힘들 때 전화해서 "나 힘들어" 그러면 같이 만나서, 술을 많이 먹지는 않아요. 맥주 한 병 가지고 먹는다든가, 같이 점심도 먹고 하고 지내는데… 그래서 그 시간 동안 버티기도 했는데요. 분향소도 올해는 어떻게 되겠지요. 인양되고 그러면 아이들 합동 장례식이라도 치르고 나면, 그 후가 또 걱정되는 것 같아요. 지금은 그래도 반 당직도 있고 어떻게든 부모님들 만날 일이 생기잖아요, 이 장소가 공동의 장소이기도 하고. 그런 게 하나씩 정리되고 나면, 광화문도 정부에서 가만히 놓아둘 것 같지 않아요. 합동분향소가 없어지면, 광화문도 없앨 것 같은 생각이 들고 그런 생각들이, 그동안 해온 거를 보면.

'부모님들, 우리가 또 어떻게 지내게 될까?' 그러면서 일은 계속 해야 되잖아요. 할 일은 많은데 어쩌다 한 번 집에 들어가면 며칠 씩밖에 안 나오고 집에 처박혀 있을 때가 있거든요. 그럴 때 누가 전화해서 불러내 준다든가 그러면 또 나와지는데, 누가 아무도 안 찾아준다면 하루, 이틀, 일주일, 한 달 그렇게 혼자 살 것 같은 생각 이 들어요. 시간이 지나면서……, 일상생활이 아니라 나만의 생활 이 돼버리는 것 같아요. 앞으로도 걱정스럽기도 하고, '우리가 어떻 게 이거를 잘해야 싸움도 하고, 길게 갈 수 있을까?' 가끔 그런 생각 하면 밤에 잠이 안 와요. 이런 생각, 저런 생각이.

어떤 분은 오디오 소리가 너무 싫어서 라디오고, 텔레비전이고 틀지 않고 그냥 있는다 하더라고요. 저 같은 경우는 가만히 있으면 더 분노가, 화가 나고 그리고 밤에 혼자 울기도 하거든요. 신랑 깰 까 봐 혼자 울기도 하는데 거기에 빠져들지 않기 위해서 자꾸 텔레 비전을 틀어놓게 돼요. 그러면 저만의 생각에서 오래가지는 않아 요. 잡음들이… 소리가 들리니까 또 자꾸 눈이 가잖아요. 그러면 저 혼자만의 생각에서 헤어 나오게 되니까, 깊게 빠지지 않고. 그 래서 저 같은 경우는 거의 새벽 3시, 4시까지는 텔레비전을 틀어 요. 어느 날 보니까 저희 리모컨이 채널 부분이 다 달아서 "채널"이 란 글씨가 안 보이더라고요. 어떤 방송을 제가 재미있게 보는 게 아니라 습관적으로, 생각에서 나오기 위해서 무의식적으로 하는 행동 같아요. 그래서 "채널"이 다 지워질 정도로, 제가 리모컨을 손 에 들고 채널을 올렸다 내렸다 올렸다 내렸다……. '그동안에 버텨

온 시간도 잘 버텨왔고 힘들었지만 앞으로 갈 날도 참 만만치 않겠다'. 사실은 다가오지 않은 걱정을 제가 사서 하고 있는 것 같아요, '그럴 것 같은데'라고. 요즘에 보내는 시간들이 겨울이기도 해서 그런지 그래요. 저희는 금요일 날 교육청 피케팅을 가거든요. 그 몇 시간이나마 그거라도 하려고 노력을 하는데, 지난주 같은 경우는 아침에 도저히 못 일어나서 못 나갔거든요. 그러면 마음도 무겁고, 같이 갔던 부모님한테도 미안하고 그러더라고요.

5
위안이 된 사람들

면담자   지난 1년 동안 어머니한테 위안이 됐던 것들이 어떤 것들이 있었는지요?

차웅 엄마   위안이 된 거는 시민들의 모임들이 그렇죠. 그분들 하는 거 보면 우리도 하다가 주저앉고 하는데 지금도 여전히… 회사를 그만두신 분도 계시고 휴직계 내신 분도 계시고 본업을 접고…. 광화문도 가면 광화문 지킴이 해주시는 분들도 계시고. 광주에도 광주 상주모임[세월호 광주시민상주모임]이라고 해가지고, 우리나라가 원래 장례문화가 3년상을 치르잖아요. 처음에 "상주모임이 뭐지?" 그랬는데 "3년상을 치르는 마음으로 한다"는 상주모임, 말 그대로 상주더라고요. 그런 것들…. 이번에도 서명받으면서도 순

식간에 몇 만 명이[에게] 받은 거, 그런 게 많이 위안이 되는 거지요. 많은 작가분들도 계시고 감독님들, 이거를 기억하려고 하는 분들이 많이 계시고, 음… 그런 것들이죠. 예전에 다른 참사 같았으면 벌써 덮어지고 잊혀졌을 텐데 그래도 여직[지금까지] 같이해 주는 분들이 많으니까 힘이 나는 거고.

또 옆에 부모님들이 계시잖아요. 그래서 많이 위안이 돼요. 엄마들끼리 가끔 만나면 그러거든요, 우리 어찌 평생 이렇게 같이 가야 되고. 간혹 그 유가족분들의 가족을 만날 때가 있어요. 어머님들 부모님들 만나면 눈물이 나요. 우리 어머니 보는 거 같고, 그 어머님들이 또 "평생 이렇게 같이 위로하면서 살아라"고…. 위안이 된다면, 같이하는 부모님들이 있다는 거, 어디 가서 눈치 보지 않고 우리 아이 이야기를 쉽게 할 수 있는 부모님들 계시다는 거예요. 사실 시댁이나 가는 거는 금기 사항은 아닌데 아이 이야기는 안 하거든요, 그냥 없는 아이처럼 이야기하고. 우리한테 안부 물어보는 사람도 없지만, 아이들 이야기를 마음 편하게 할 수 있는 거는 역시 가족분들이니까. 지금도 아직 다 아이들을 몰라요. 늘 나오시는 부모님들 아이들 이야기만 알지. 그리고 또, 다른 반 아이들은 저희들도 몰라요, 잘. 그래서 그 ≪한겨레신문≫이라든가 생일 포스팅, 아니면 작가분들의 이야기, 애들 이야기 보면서 '아하 이 아이는 이런 아이였구나' 저희들도 이렇게 알아가는 중인데요, 뭐. 같이하는 분들이 계신다는 거, 그게 많이 위안이 돼요. 혼자였으면 못 살았을 것 같아요. 진짜 못 살았을 것 같은데 부모님들이 많다 보니까 별의별 분들이 다 계시지요. 싸우면서도 같이 뒤돌아서 화해하고 또 같이 가고, 그런 분들 있어서 위안이 되고 그래요.

6
차웅이를 그리워하는 친구들

면담자　　어머님, 오기 전에 검색해 보면 차웅이 좋아했던 여자애의 사연으로 노래도 나왔던데요.

차웅 엄마　　(웃으며) 노래도 2개나 있어요. 사실 제 욕심 같아서는 그 여학생을 찾아보고 싶은데 방법이 없더라고요. 그 여학생도 상처… 충격이었을 것 같아요. 왜냐하면 차웅이에 관련한 뭔가를 하면은 바로 이슈가 돼가지고 '그 학생도 놀라지 않았을까?' 그 편지 하나가 인터넷에 저기[게시]됐을 때 '겁나지 않았을까?' 하는 생각이 들더라고요.

차웅이가 14년도 새해 소망이 여자친구 생기는 거였거든요. 매년 31일이면 화랑유원지에 가서 저희가 새해 소원도 빌고 했는데, 12월 31일이겠죠. ○○이는 20살 된다고 친구들하고 가버리고 세 사람이 보내면서 "새해 소원 빌어" 했더니 "여자친구 생기게 해달라"고 큰 소리를 외쳤거든요, 차웅이가 두 번이나. 그래서 "무슨 소원을 외치냐, 속으로 해야지" 했더니 "아… 그러면 안 되나?" 그러더라고. '쟤가 간절했구나' 생각하면서 "여자친구 생기면 뭐 하고 싶은데?" 하고 물어봤어요. 그랬더니 친구처럼, 여자친구 있는 친구가 있거든요, 기념일도 챙기고 싶고 맛있는 것도 먹고 커플링도 하고 싶고 그렇다고 그랬었거든요.

소망이었는데… 그 편지를 보면서, 내용을 보니까 1년 전부터 봤다고 해서는 '학교, 동아리 선배구나'라고 생각이 들더라고요. 친구는 아닐 것 같고, 모르죠. 친구일 수도 있긴 하겠네요, 생존자 친구일 수도 있긴 하겠네요. 근데 친구라고 생각은 안 했어요. '애들도, 지들도 힘들고 한데 이 편지 써서 갖다놓았을까?' 했는데 그랬을 수도 있겠네요. '친구일 수도 있겠다'는 생각이 지금 처음 들었고요. 그동안에 그 내용을 보고 '일 년 전부터 웃는 모습이 좋아서 좋아했으면 선배겠다'라고 생각을 해서. 차웅이가 볼링 동아리를 들었거든요, 저희가 볼링을 [좋아해서]. 근데 형아를 워낙 좋아해서, 형이 농구부를 해서 농구부 할 줄 알았는데 볼링부를 하더라고요. 저는 의외였어요. 형아는 학교에서 지켜보는 거만으로 좋았었나 봐요. 형아하고도 아는 척 안 하고 지나가면서, 형아가 농구하고 있으면 지는 스탠드에 앉아서 지켜봤다 그러더라고요. 자기는 지켜보는 게 좋았다고 하더라고요, 같이하지도 않고. 그래서 아마 동아리는 같은 거 안 들었던 [게] 같아요.

볼링부를 들었다고 해서 의외였는데, 그날 갔다 와서 하는 이야기가 "엄마, 누나들이 나 귀엽고 잘생겼대" 그리고 "여자친구 있냐, 없냐?" 물어보고 그랬다고 그랬거든요. 학교에서 특별한 게 있으면 그런 이야기 저한테 하니까요. "야, 볼링 잘한다고 이야기했어?" 그랬더니 "그런 거는 안 물어보던데" 그러면서 그런 것만 누나들이 질문을 했다고. 면접이란 걸 선배들이 보더라고요. 그다음 날 "엄마, 나 합격했어" 그러면서 볼링부 한다고, 1학년 때도 볼링부 했었고 2학년 때도 올라가서 볼링부 했거든요. 그래서 1년 동안 얼굴을 볼 수 있는 건, 저희는 남녀합반이 아니니까 따로잖아요. 그래서 여학생들하고 남학생들하고 만날 수 있는 거는 동아리밖에 없다고 생각했기 때문에.

14년도에 차웅이 생일 무렵에, 아니 교실을 제가 가을에 처음 갔나 봐요. 그랬더니 책상에 편지가, 포스트잇이 많이 붙어 있더라고요. 보니까 볼링부 누나들이 와서 편지를, 두 누나가, 그중에 한 누나가 더 많이 했고 책상에 빈 곳이 없을 정도로, 사진까지도 갖다 놓았더라고요. 처음에 다른 아이들 책상에 사진이 없을 때 차웅이가 제일 먼저 시작해서 '우리 차웅이가 누나들한테 인기가 많았구나. 혹시 이 누나들 중에 있을까?' 하고 봤더니 글씨체가 틀리더라고 전혀. 그래서 제가 책상에다 메모를 해놓고 왔어요. "차웅이 엄마인데, 누나들을 한번 보고 싶은데, 볼 의향이 있으면 연락을 달라"고 제 연락처를 남겨놓고 왔었어요. 그랬더니 전화가 왔더라고요, 음… 11월인가, 11월 말쯤인가. 볼링부 애들을 다 불러가지고 밥을 사줬어요. 15명 중에 11명인가 나왔더라고요. 너무 고맙더라고요. 그래서 제가 물어봤어요, 그날. 차웅이 편지를, "내가 봤을 때는 누나인 것 같은데 혹시 볼링부에 있니?"라고 했더니, 자기네들끼리도 궁금했는데 볼링부에 없는 것 같았다고 이야기를 하더라

고요. 좀 찾아보고 싶기도 했는데 이대로 그냥 가는 것도 괜찮겠다
[싶기도 했어요]. 근데 찾으려고 해도 방법이 없는 것 같아요, 이름
있는 것도 아니고 해서. 가끔 누가 이렇게 물어볼 때 있어요. 그러
면 '그 친구도 힘들지 않을까?'라는 생각이 들더라고요. 많이 힘
들지 않았으면, 많이 아프지 않았으면… 그런 생각이 들더라고요.

면담자   그러게요. 다른 친구들도 고백이나 이런 게 있었을
텐테, 특히 차웅이여서 더 주목을 했던 것 같아요.

차웅 엄마   네, 그렇죠. 사고 초기에 또, 그거를 제가 챙겨 올 걸,
그거를 못 챙겨 온 게 참, 어느 순간 학교에서 소지품을 다 정리해
버렸어요, 학교 측에서. 생존자 애들, 아니 재학생 애들이 자꾸 보
면 수업에 방해된다고 학교에서 다 정리를 해버렸어요, 어느 순간
에. 통보를 한 것도 아니고 정리를 확 해버렸어요, 그거 다. 그 물
건들을 어디다 보관을 하고 있는지 그것도 한번 알아보긴 해야 될
것 같아. 그때 포스트잇 같은 거 모아놓았다고 했던 것 같은데 학
교 측에서, 요즘 하는 거 봐서는 그닥. 사진만 찍어 왔거든요, 사진
만 찍어 와서. 저도 그거 인터넷 보고서 찾아가지고, 어디 있냐고
찾아가서 사진 찍어 왔었거든요(한숨).

　또 한 학생이 있었어요. 그 학생은 중학교 후배인데, 저도 처음
알았는데. 그때 분향소에 있었는데 어느 여학생이 쓰러져 간다
고 그러면서 "차웅이를, 오빠를 부르는데 가봐라"고 해서 가봤더
니. □□중학교 나왔거든요, 차웅이가. 중학교 3학년 여학생이더

106
·
차웅 엄마 김연실

라고요(한숨). 근데 몇 번 쓰러졌다 하더라고요, 119에 실려 가고. 저는 몰랐는데 분향소에 와가지고도 실려 가고 그랬더라고요. 본인이 1학년 때 학교에서 애들한테 그 저기를 [괴롭힘을] 당했었나 봐요. 그때 차웅이가 청소한다고 빗자루를 들고 나왔었나? 근데 여학생들끼리 몰려 있고 하니까 차웅이가 빗자루 들고 애들을 다 쫓아줬대요, 여학생 말이 그래요. 그래 가지고 오히려 거꾸로 차웅이가, 3학년이 저학년을 때린 폭력이 돼버린 거예요. 애들한테 그렇게 비쳤던 거예요. 차웅이도 검도했잖아요(웃음). 그 여학생 말이 그런 거야, "폭력위원회 열릴 뻔했었다"고. 차웅이 오빠가 자기를 저기해줬는데[도와줬는데], 이름도 정확하게 모르더라고요. 발음이 좀 특이하잖아요, 차웅이가. 우연치 않게 인터넷에 차웅이가 희생자로 나오다 보니까 그 오빠였던 거죠. 자기를 도와줬던 그 오빠가 희생되고 보니까 애가 굉장히 충격을 받았던 것 같아요. 그러면서 그때 이야기를 해주더라고요. 자기 때문에 폭력위원회 열릴 뻔했었다는 이야기를 해주더라고요.

그 후에 여기 그 그림 있잖아 신주욱 작가, 그 그림 그릴 때도 같이 와서 그렸다 하더라고요. 저는 보지는 못했는데 봤다 하더라고요. 간혹 한 번씩 오는 것 같아요, 지금도. 저는 지금은 모르겠네요, 졸업했으니까. 벌써 2학년 올해 올라가나 본데요. 어느 고등학교 갔는지 모르네, 연락처가 없어서 못 물어보고. 건강은 괜찮은지, 몸이 좀 많이 안 좋은 것 같더라고요, 그 학생이. 괜찮은지 모르겠네요.

7
네티즌 고소, 그 후

면담자   어머님, 지난주에 사진 고소했던 이야기 해주셨잖아요. 자세히 이야기해 주실 수 있는지요?

차웅 엄마   그게… 14년도 5월 달인가요. 우연치 않게 누가 카톡[카카오톡]에 올려준 사진들을 보다가, 다음 아고라에 올라온 거죠. 보고 있는데 순간 그 사진에서 딱 멈춘 거예요. 보니까 '어머, 왜 차웅이 얼굴이 올라와 있지?' 싶었어요. 그때 가슴이 얼마나 벌렁벌렁했는지 지금도 느껴질 정도로. 내가 밤에 봤을 거예요. 그래서 아침에, 그때 변호사님들 막 나와 있을 때니까, 그 사진을 캡처해 가지고 보여줬어요. 이런 사진이 올라와 있다고. 그 내용이, 제가 고소한 게, 그 사람들이 사진을 그렇게 조작했다는 게 아니라 내용이(한숨) 너무 말도 안 되는 내용이었는데….

그 아이들을 추적을, 링크 걸어서 가보니까 어떤 한 사람이 사진, 딱 그 한 장이야, 사진. 차웅이가 배 위에 누워 있는, 심폐소생술하고 있는 사진 중에 얼굴이 이렇게 됐는데, "이 사진을 보고 내용을 추리를 해보시오"라고 올렸어요. 그거를 보고 추리를 한 건데, 배가 뭐 이렇게 부딪쳤고, 배 사진도 있고, 그 아고라에 올라온 게 있더라고요. 굉장히 내용도 많고 길어요. 근데 그 사진을 올려놓고 그 밑에 올려놓은 글들이 뭐였냐면, 아이들이 계란 냄새 나고 그랬다 그랬잖아요. 그래서 "핵과 관련된 사고가 있었다" 그러면서 배 충돌로 의해서 다쳤고. 아니면은 누가 고의적으로 햄머 있잖아요, 망치… "햄머로 얼굴을 가격을 해서 얼굴이 이렇게 함몰이 돼 있다" 그런 내용들이 써져 있었기 때문에 저는 그 내용이… 사진도 조작한 줄 알았고. 대부분 방송에 모자이크 처리해서 얼굴이 나가는데 그렇게 나온 게 너무 화가 났어요. 우리 아이 너무 멀쩡했고 깨끗했고 얼굴에 상처 하나가 없었는데… 누가 봐도 조작 사진인데 그거를 보고 그런 글을 썼다는 자체가 이해할 수 없었고… 화가 났고…….

그때는 조그만 거에도 예민할 때였으니까 민감할 때였으니까, 더군다나 차웅이가 처음에 나와가지고… 제가 말하던 SNS에 나오는 그런 것들이… 어쨌든 편지도 하나의 일종이거든요. 차웅이에 관련된 것들이 인터넷이나 방송에서 이슈가 되고 할 때였었기 때문에 누가 봐도 그 사진보고 다 놀래는 거예요. 변호사님도 "이거 고소해도 되겠다"고. 근데 두 사람 아니고 나중에 사이버 수사대에 고소했는데 세 명이더라고요. 저는 아이들인 줄 알았어요. 그래서 제가 사회복지사님한테도 "애들이면 어떡하죠" 그랬더니 "어머니, 일어나지도 않은 일을 너무 미리서 걱정한다"고 [하시더라고요]. 저는 아이들이 컴퓨터를 많이 다루고 하니까 학생들이 그랬을 줄 알았거든요.

막상 신고하고 보니까 40대 아저씨, 40대 남자 두 분하고 그 소설을 쓴 분이 여자분이었어요, 주부였어요. 되게 충격이었어요. 그래서 작년까지 이어서 재판받고, 그중에 한 분이 첫 사진을 올렸던 분인 것 같아요. 저희 집에 찾아왔었어요, 합의해 달라고. 그래 가지고 (한숨) '이 동네에서도 이제 못 살겠구나' 할 정도로. 벌금이 내려지니까. 그래서 한동안 제가 컴퓨터를 못 했는데 그것도 1년 넘게 간 것 같아요. 판결도 늦게 났지만 잊을 만하면 갑자기 약식기소됐다고 오고, 어떻게 찾아왔는지 저희 집을 좌우지간 남자분이 한 분이 찾아왔었어요.

근데 그게 (한숨) 그때 그 이야기도 할라면… 그때 제가 일본 JR 열차사고 10주년 행사에 세월호 유가족이 초대가 와서[돼서] 갔었거든요. 세상에… 저도 없었고 애 아빠는 그 주말에 시골에 아버님을 뵈러 내려간 거예요. 큰아이 혼자 있었어요. 찾아와 가지고, 제가 "왜 이렇게 문을 열어줬냐, 모르는 사람을" 그랬더니 "아니. 엄마를 찾아왔고, 엄마한테 전해드릴 선물이 있어서 왔다고 해서 문을 열어줬어요" 하는 거예요. 음료수 한 병 사 온 거죠, 저희 집에 올 때. 엄마, 아빠 안 계신다 하니까 이거 엄마한테 전해주고 간다고 집에 와가지고 2시간가량을, 2시간 반가량을 안 가고. 아들이 아니고 딸이었거나 더 어린 애였었으면 얼마나 놀랐겠냐고요. 그러면서 안 가고, 엄마, 아빠 없다는 거를 그 사람이 안 믿은 것 같애, 기다렸던 것 같애, 저희를. 아빠는 진짜 시골 가고, 저는 일본 가 있었고… 하도 안 가서 자기 연락처를 알려주니까 연락처를 받고 간 거예요. 주말에 왔었나 봐요, 이 사람이.

학교를 바래다주러 아빠가 가는데, 우리 아이 전화로 전화가 계속 왔나 봐요. 아빠가 받아서 막 뭐라 했는데, 그리고 나서 이틀

이나 3일 있다가 일본에서 마지막 날인데 그 이야기를 하는 거예요, 큰애가. 누가 찾아왔었다고(한숨). 그거 생각하니까 일본에서 어떻게 하지도 못하고, 제가 와봐야 뾰족한 수도 없지만 겁이 나는 거예요. 요즘 범죄 같은 게 워낙 많잖아요, 혹시나 우리 애 해코지 하면 어떻게 하나.

집에를 왔는데 그다음 날 또 찾아온 거예요. 밤 10시가 다 됐는데, 느낌에…. 아파트가 1층 현관문이 있고, 집 앞에 현관문이 있잖아요. 집 앞에 와 있는 거예요. 밑에 현관문에서 카드가 없거나 하면 못 들어오거든요. 다른 사람들이 들어올 때 같이 들어왔던 거죠(한숨). 집 앞 벨을 누르는데 느낌이 확 오는 거예요. 모르는 남자가 화면에 떴는데, 숨어 있었다고 그래야 되나. 벨을 눌렀길래 아무 소리도 안 내고 텔레비전 소리를 줄이고 가만히 있었어요. 벨을 또 누르더라고요. 세 번 눌렀을 때 제가 "누구냐?"고 물어봤더니 자기가 "차웅이 인터넷 사진 올린 사람인데 그거 때문에 왔다" 그러는 거예요. 할 말이 많대요. 차웅이가 아니라는 걸 증명을 하겠대요, 자기가. 제가 분명히 머리털 하나만 봐도, 손 모양만 봐도 우리 아이라고 그랬는데 옷을 봐도. 차웅이는 영상이 있어요. 워낙 영상들이 많이 떠돌아다녔기 때문에, 옷이 기고 머리만 봐도 긴데 자꾸 아니라고, 자기가 다른 사진을 가져왔대요. "비교 사진을 보여주겠다"고 밖에서 계속 이야기를 하는 거예요. "나는 됐다"고, "들을 필요 없다"고, "다 필요 없다. 안 가면 경찰을 부르겠다"고.

결국엔 불렀어요. "경찰 불렀으니까 빨리 가라"고 했더니 화를 내는 것 같더라고요. 자기는 증명을 할 수 있는데 자기 이야기를 안 들어준다 이거죠. 결국엔… 조금 있으니까 조용해지더라고요. 한 20분 정도 그렇게 실랑이를 했던 것 같아요. 소리를 지르고 밖에서…. 저희는 거기 사람들하고는 별로, 이사 간 지 1년 정도 됐을 때 사고가 나서, 저도 일을 다니고 하니까, 그리고 위아래 층에 누가 사는지 동네에 누가 사는지 잘 모르는 상황이었거든요, 옆집만 알고. 안 그래도 사람들 만날까 봐 피하고 그렇게 다니고 했었는데, 그 밤중에 소리를 지르면서 이야기를 했으니까 걱정도 되는 거예요. '여기서 다 살았구나' 저 사람이 집을 알게 됐으니 다른 사람도 아는 것이 쉬울 것이고.

거기 관련된 사람이 세 명 있었다고 이야기를 했었잖아요. 근데 경찰이 오고 가고 하면서 아마 현관문 앞에서 만난 것 같아요. 남자분이 내려가고, 경찰을 자기 눈으로 봤잖아요. 처음엔 전화를 했는데 경찰이 안 오고 전화만 하는 거예요. 밤에 남자가 집에 찾아와서 저기 한다고[소리 지른다] 그러니까 저기 사람[경찰]들은 무슨 스토커 아니면 남녀 간의 문제로 본 것 같애요. 그래서 결국에 세월호 이야기를 했어요. "세월호 희생자인데, 제가 네티즌을 고소했는데 그 고소당한 사람이 찾아왔다"고 그랬더니 그리고 나서 온 게, 경찰이 오는 것도 바로 오는 게 [아니라], 파출소 옆인데 10분 정도 더 걸렸던 것 같아요. 그래도 그 사람이 딱히 나쁜 마음을 가지고 왔던 거는 아닌 것 같아요, 그냥 간 거 보니까. 그리고 한동안 경찰이 주변을 돌았을 거예요.

그 후로 그런 적은 없었는데, 한동안 제가 밤에 밖에를 나가지도 못했네요, 더 붙들고 또 나타나서 이야기할까 봐, 벌금이 한 100만 원 정도 나오다 보니까. 〈비공개〉 지금은 모르겠어. 인터넷에 소설을 쓰는 그런 사람을 또 쫓아다니면서 자꾸 답을 하는 사람도 있고, 별사람 별… '이런 세계가 있었구나' 좀 새로운 것들도 [알게 되고, '사람들이 이렇구나' 그랬어요.

면담자   그런 걸 왜 쓰는 거예요, 재판에서는 선처를 바라면서 그런 건 왜 하는 거예요?

차웅 엄마   .경찰분의 이야긴데, 〈비공개〉 글을 써서 그리고 관심받기를 원하는… 그 조회 수 있잖아요. 자극적인 거, 어떤 그런 거를 해놓으면 사람들이……. 그때 그 사진 조회 수가 20만이 넘어가고 그랬어요.

면담자   사진을 조작하는 거는 너무 심하잖아요.

차웅 엄마   근데 더 웃긴 건, 최초 사진 유포자가 해경이라는 거예요. (면담자 : 그 사진이요?) 네에, 그 사진이. 그러면서 최초의 사진을 올린 사람은 자기는 외국 사이트에서 퍼왔다는 거예요. 저는 그것도 이해 안 가요, 이해가 안 가고… 자기도 사진이 왜… 외국 사이트에서 어… 닉네임도 ××××예요. 그런 사람들이 외국 사이트에 들어가서 그런 사진을 퍼올 수가 있나, 가져올 수가 있나, 그런 의문점도 들기는 해요. 근데 제가 직접 신고를 못 하고, 또 겁이 나더라고요. 모든 것을 변호사를 통해서 했었고, 제가 어떤 그 재판 중에도 참석하거나 그러지는 않았어요. 모든 거를 다 일임을 해 버렸었기 때문에…. 그래서 시간도 길게 가고, 그냥 뭐랄까, 그냥 재판…. 저희가 적극적으로 나서서 "이 사람들 처벌해 주세요" 그 랬던 게 아니다 보니까, 사이버 그런 저기다 보니까 시간도 오래 걸리고, 한 1년 넘게 걸렸던 것 같아요.

지금도 어떨 때는 무서워요. 가끔 한 번씩 주변 한번 둘러보기 도 하고…. 거의 나오지도 않지만, 밤에 혼자 나오지도 않지만 지 금도 '빨리 이사를 가야지' 하는 생각. 그래도 못 가는 이유가 아이 랑 1년 동안 살았던 집이니까, 그 전에 살았던 집은 재건축한다고 다 부서져서 없어요. '우리 아이가 살았던 집이니까 살아보자' 하고 서 살고 있기는 한데, 올해 안에 이사 갈 것 같기도 하고 그래요.

면담자 그거는 어떤 변호사님이 한 거예요? 배 변호사님이 나 황 변호사님….

차웅 엄마 아니에요. 그분들은 더 큰 일을 하고 계시는 분들이 고, 그때는 자원봉사에 나오는 변호사님들이 많이 계셨었어요. 그 변호사님들이 왜 나오… 성함도 기억도 안 나요. 그때 변호사님이 라고만 입력해 놔가지고 얼굴 봐도 어떤 분인지 모르겠는데. 그때 에는 뭐 [더 심했고]. 지금도 사람 인식장애가 생겨서 봐도 기억을 못 해요, 그 많은 분들. 제가 그런 게 있긴 한데, 며칠 전에 봤던 분 을 보면 누군지 모르고(웃음) 낯은 익으니까 그쪽에서 아는 척을 하 니까 반갑게 인사를 하는데 누군지를 몰라서…, 맨날 물어도 못 보고 그런 게 다반사고. 노원구 가서 같이 밥도 먹고 간담회 하고 뒷풀이까지 하고 왔는데, 일주일 후 분향소 당직 날 오셨는데… '저분 누구지, 많이 봤는데 작가님이신가?' 해서 반갑게 인사를 하는데, [그분이] 알고서 "누군지 모르시죠?" 그러더라고요. 그래서 어떻게 해요. "네에" 했더니 "지난주에 노원구에서 봤잖아요"(웃음). 작년 11월인가, 10월인가 그 서명할 때도 노원구 나가가지고 서명하고 그랬는데… 서명하고 나서 간담회 하고 갔었나 봐요, 아 그랬는데.

기억력이 안 좋아져서…(웃음) 무조건 반가워서 막 포옹하고 보면, 나중에 보면 '포옹할 사이가 아니었는데' 그럴 때도 있고(웃음). 참 멋쩍어요. 그… 두 번째 만났는데, 한 분을 제가 소개하자면, 우리 10반 다영이 엄마가 너무 힘들어해 가지고 "우리 밖에 바람 좀 쐬러 가자" 그랬어요. 근데 "한 동네에 사는, 위층 언니랑 같이 간다" 그러더라구요. "괜찮다"고 같이 나가서 오산 어디 식물원이더라고요, 거기를 보고 돌고 밥도 먹고 그러고 왔어요. 그리고 '엄마하장'[엄마랑 함께하장] 할 때 여기 주차장에서 만난 거예요. 둘이 반가워서 포옹을 했어요. 그리고 나서 '근데 누구더라?' 같이 걸어가면서, '누구였지, 누구였지?' 생각을 한 거예요. 그러고 보니까 '다영이 엄마 위층 언니네'. 그분도 얼떨결에 포옹을 한 거예요, 너무 반가워서. 그게 두 번째 만날 때. 세 번째는 서로 그냥 "안녕하세요"(웃음). 저도 만나서 반가워서 저도 모르게, 제가 아마 포옹을 했던 것 같기도 해요, 저도 반가워 가지고. 그때 만났을 때 옷하고 똑같은 옷을 입고 계셨거든요, 그래서…. 그분도 나중에 나처럼 저기

[민망]했던 것 같아요. 세 번째 만났을 때는 둘이 "안녕하세요" 인사만 했어요.

그런 게 다반사고, 초창기에는 저분이 시청 직원분인지 지역분인지 사회복지사인지, 맨날 보는데 누군지 몰랐어요. 그런 분이 몇 분 계세요. 또 한 분이 우리 아파트에 사는데, 정세경 씨라고 유명한 우리 '노란손수건'[엄마의 노란 손수건] 엄마 대표 중의 한 분인데, [그분이 정세경 씨의] 바깥 부군 되시는 분이에요. 저희들이 집회하고 농성할 때마다 계셨거든요, 비쩍 말라가지고 얼굴도 새까매 가지고. 근데 제가 그분의 부군된다는 거를 작년 11월인가, 그러니까 1년 훨씬 지나고 나서죠[나서야 알았어요]. 작년에 저희가 그 카톨릭 회관에선 가요? 그 100대 과제라고 했는데… 그 기자회견한 날(웃음) 그날에 정확히 알았어요, 유가족인지 [아닌지를요]. 다른 부모님들도 많이 계신다고 그랬잖아요. 아직도 몇 반인지, 누구 부모님인지 모르는 경우가 많은데, 늘 뵈니까 저희가 집회할 때 농성할 때 계셨기 때문에 다른 반 아빠인 줄 알았어요.

유가족 아빠인 줄 알았더니 원곡동에서 뵌 거예요. 애를 자전거 태우고 휙 지나가는데, '저분 유가족 아니신가, 저렇게 어린 애가 있으셨나?' 하고 신랑한테 "저기 자전가 타고 가신 분이 유가족 맞지?" 그랬더니, 대충 보고 "그런 것 같은데, 나도 많이 뵌 분인데" [하더라고요]. 같은 아파트에 살다 보니까 동네에서 본 거예요. 그때 애를 태우고 가셨던 분이 그날 기자회견 하는데 계신 거예요. 그래서 제가 박성호 엄마한테 "저기, 우리 유가족 분 맞지?" 그랬더니

"아닌데, 위성태라고 안산 지역 시민들 4·16연대 안산 지역 대책위 원장이야"라면서 "노란손수건 정세경 씨 부군 된다"고(웃음). 1년 넘게 진짜 유가족인 줄 알았어요, 늘 할 때마다 계시니까. 저뿐 아니라 부모님들이 공통적으로 증상들이 그렇더라구요, 기억 못 하는 거…, 기억력.

8
참사 후 유가족들 건강 상황

면담자 워낙 많은 사람들을 동시에 보니까 그러실 수도 있 겠네요.

차웅 엄마 그러기도 하고… 시력이 급격히 나빠졌어요, 시력 이. 지금 이것도 안 좋은데 다초점으로, 돋보기를 넣고 다녔어요, 눈이 급격히 나빠져서. 눈이 안 좋고 기억력도 많이 떨어지고 뭐 하나에 집중을 못하는 것 같애. 항상 신경이 그쪽에 가 있으니까 집중을 못하기도 하고. 제가 숫자에 민감한 일을 오랫동안 했는데 도 지금은 뭐 하나 기억나는 게 없어요. 전화번호 당연히 안 외워 지지만, 그 정도로 이 일을 내가 해왔는데도 지금은 기억력이 많이 떨어져서 메모하지 않으면 약속한 거 금방 잊어버리고, 약속 잡아 놓고 또 약속 잡고, 이중 약속 잡고 그런 게 다반사예요.

면담자 어머님, 그러면 참사 후에 시력이 안 좋아지시고 병원에 따로 다니시거나 그러셨어요?

차웅 엄마   안과에 갔더니 특별히 이상이 없다 하더라고요. 특별히 이상은 없고 안구건조증 같은 거. 하도 눈을 비벼서 그럴 거야, 하도 많이. 안구건조증. 그리고 노안으로 보더라고요(웃음). 나이가 그렇기도 하지만. 처음에는 병원 가기보다는 하도 시력이 안 좋으니까, 안경을 원래 썼었고 하니까, 안경 하는 데 가서 안경을 바꾼 거였어요. 그런데도 별로 효과가 없더라고요. 사람들이 자꾸 병원에 가보라고 진단을 받아보라고 [해서 병원에 가봤더니] 그랬더니 노안이고(웃음). 이런 전화기 같은 거 자주 보지 말고 컴퓨터 하지 말고, 컴퓨터도 안 하잖아요, 지금. 그런데도 항상 안구건조증… 그런 것들. 치과도 가야 되는데 겁이 나서 못 가겠어요. 잇몸이라든가 입안이 굉장히 안 좋은데(한숨) 못 가겠어요. 아마 이 치료하신 분이 꽤 되실 거예요. 근데 못 가고 있어요. 잇몸들이 다 안 좋죠. 이를 하도 악물기도 했고.

저는 팽목에 그날 16, 17, 18 그거를 안 했는데도[팽목항에서의 그 혼란을 경험하지 않았는데도], 그런 아수라장이 없었는데도 모르겠어요, 좋았었다고 해야 되나. 첫날 제가 느꼈던 거는 굉장히 힘들었는데도 엄마들 만나 보니까, '거기서도 나름 힘들었었겠구나, 아이들 기다리면서' [하는 생각이 들더라고요]. 바로 나오신 분들도 계시지만 1주일… 2주일… 한 달… 물론 지금도 기다리고 계신 분들이 계시지만, 나는 어디 가서 힘들었다고 말을 못 하겠는 거예요, 이야기 들으면. 옆에선 "처음이라 많이 힘들었겠어" 그 소리에 저도 모르게 위안을 얻고(한숨), '그래도 그렇게 이야기해 주는 사람 있어서 다행이구나' 그런 이야기들. "처음에는 우리가 안됐었는데, 시간이 지날수록 우리가 부러웠었다"고 이야기하는 분들이 많더라고요.

『금돌』[『금요일엔 돌아오렴』]에도 보면은… 저희 이야기 쓰신 분들이 몇 분 계시더라고요. "첫날 같은 차에 있었는데, 듣고서 우리 안됐었다. 참 안됐었다고 이야기했는데 본인들도 똑같이 그렇게 될 줄 몰랐었다"고. 그 당시 그런 이야기들이 책에 많이 쓰여 있더라고요. 근데 내용이 조금씩 틀리더라고요. 분명히 우리는 목포 가서 내렸는데 가다가 도중에 고속도로에 내렸다고 쓰신 분도 계시고(웃음), 그때 사람들이 다 제정신이 아니었던 거죠. 정확하게 기억을 못 하는 거지…. 시간이 지나서 이야기를 하다 보니까, "우리가 목포 가서 내렸는데, 제대로 기억하신 분이 하나도 없네" 내가 그러면서(웃음).

9
지난 1년간 아쉬웠던 점

면담자   어머님, 지난 1년 동안 활동이나 이런 부분에 있어서 아쉽거나 아니면 가족들과 함께 있으면서 아쉬운 점이 있으시다면요?

차웅 엄마   항상 지나고 나면 아쉬운 건 많죠. '왜 그랬을까? 좀 더…', 물론 지금도 늦지 않았어요. 해야 할 거 많고 하는데 왜 지금 이렇게 조금 미뤄놓고 그러면서 지난 일을 자꾸 아쉬워하는지 모르겠어요. 국회에 가서 농성할 때, '한번 우리가 싸울 때 좀 더 과격하게 했었으면, 그 정지선을 넘어섰으면 어땠을까?' 그런 생각들… 저희가 항상 끝까지 가지는 못하고 뒤에서 물러나고 물러나고 했던 것들이 되게 아쉽고… 시간 지나고 나면 아쉬운 것들, '좀 더 힘을 냈었으면 어땠을까?' 그런 것들, 만약이라는 것들. '좀 더 청와대를 밀고 들어 갔었으면 어땠을까?' 그런 것들.

　제일 아쉬운 거는 15일, 제일 아쉬운 게 그거죠. [아이와] 전화 한 통 못 했던 거. '왜 나는 전화 한 통 해볼 생각 못 했을까?', '왜 애한테 오기만을 기다렸을까?', '그냥 재미있게 놀겠지'라고 생각만 하고. 싸우면서 아쉬움도 있지만 그것보다는 아이하고 더 못 한 거 [에 대한], 아쉬운 생각들이 더 많이 들었어요. 다른 부모님들 만나도 보면, '나는 우리 아이하고 이렇게 지내고 지내왔는데, 나는 또 이렇게 지냈고' 그런 거 보면서, 예전에는 내가 '그래. 우리 아이들 바르게 잘 키우고 있어' 혼자 스스로 만족하고 뿌듯하고, 사람들한테 "우리 아이들은 이런 아이"라고 자랑하고 그랬어요. 그런데 다른 부모님들하고 애들이 생존해 있을 때는 무슨 이야기 하냐면, 현재 진행하는 이야기들을 많이 하잖아요, 과거가 아닌. "지금 우리 애가 공부를 뭐 어떻게 하고 있어", "뭐가 목표야" 그런 이야기들을 하면서 비교를 [했는데], "우리 애가 성적이, 시험이 이번에 잘 봤어" 그런 이야기, 현재 진행형 이야기들을 하니까. '우리 아이가 부족한

가?' 내가 우리 애한테 비교 같은 거, '우리 애들 공부를 쟤처럼 잘했으면 좋겠다' 그런 건데, 지금은 애들이 다 과거가 돼버렸잖아요.

아이들하고 했었던 이야기들, 어떻게 하고 지냈던 이야기들 하다 보면 '아이구… 그러고 보니 내가 많이 부족했구나' [하는 생각을 하게 돼요]. 나는 내 품 안에 내가 계속 품고 있었지…, 다른 아이들은 친구랑 집에 와서 놀고 가고 자고 가고, 우리 애도 친구 집에 자고 가고…, 우리 애는 그걸 못 했었거든요. 자기가 그걸 못 했단 거를, 찬호라는 친구 만나면서 "엄마 나 제일 해보고 싶은 거는 파자마파티야. 엄마, 아빠 시골 갈 때 나한테 이야기해 줘. 나도 그거 하고 싶어" [해서] 그래서 기회를 줬는데, 우연치 않게 딱 한 명밖에 못 왔어요. 한 명만 우리 집에 와서 자고 갔었어. 그게 고등학교 1학년 겨울방학 때였을 거예요, 그런 거.

우리 아이가 고등학교 와가지고는 보니까 내가[본인이] 너무 학교하고 검도장만 다녔던 거를 애가 저기한[알게 된] 거야. 찬호란 아이를 보니까 친구들하고 여행도 가봤고, 외박도 해봤고, 많이 해봤더라고요. 담배도 한번 어떤가 피워보기도 했었고, 그 아이는 그랬더라고. 친구들하고 파자마파티, 집에 와서도 하지만 본인도 가서…. 그게 우리 아이가 굉장히 부러웠었나 봐. 어느 날 저한테 "엄마 나는 너무 해본 게 없는 거 같애" 그래서 "왜?" 그랬더니, "찬호 이야기 듣다 보면…" 뭐랄까, 뭐라고 이야기했는데 지금 생각이 안나네요. "무궁무진하고, 그 애 이야기 듣다 보면 엄마, 시간 가는지 모르겠어. 나도 해보고 싶은 게 많아" 그래서 하고 싶은 게 여자친구 사귀고 싶고 여러 가지가 있었던 것 같아요, 파자마파티도 한 번 딱 해보고. 그런 것들이 지나가고 나서 아쉬우니까, 아이를 키우면서 있었던, 지나면서 있었던 그런 아쉬움들이 더 많이 생기고… 지금도.

조금 덜 아쉬운 건 제가 지난번에 이야기했지만 너무 "공부, 공부" 하지 않고 애가 하고 싶은 대로 놔두었다는 걸로 스스로 만족을 했는데요. 또 어떤 부모님들은 아이들하고 홍대도 많이 갔었고, 애랑 밖에 구경 많이 한 이야기 들으면, 나는 홍대는 한 번도 우리 아이들하고 [못 가본 거예요]. 있는 놈하고도 못 가봤지만, 우리 아이는, 큰애는 혼자 홍대든 다니면서 사진 찍어 오고 하면 사진으로 봤거든요. 우리 아이가 올려놓은 사진 보고 그랬는데, '그런 생활들을 많이 못 했구나', '그냥 애를 혼자 놓아둔 거밖에 안 했구나', '나는 방치를 했구나' 그런 생각들, 그런 아쉬움이 제일 많이 드는 것 같애.

싸우는 거야 저 혼자 하는 거 아니고 워낙 많은 분들 계시고 하니까…. 그리고 아쉬움이 드는 거는 당연한 거가, 한 번도 누가 해보지 않았던 일을 저희가 하는 거잖아요. 가는 길이니까 실수가 있을 수밖에 없고, 어려움이 여러 가지 있고, 착오, 미스[실수]일 수도 있고… 그런 아쉬움이야 어쩔 수 없지요. 항상 지나고 나면은 '이 방법이 아니라 다른 방법을 썼었어야 했는데', '우리가 조금 더 버텼어야 했는데' 그런 것들이…. 저는 지금도 제일 아쉬운 게, 애 키우면서 음… 조금 내가 못 키웠단 아쉬움, '좀 더 잘 키워볼걸' 하는 그런 아쉬움이 제일 많이 남아요.

10
앞으로의 삶의 목표

면담자   앞으로 삶에 대한 목표나 소망이 있으시다면요?

차웅 엄마   아마 대부분이 그럴 걸요, 목표가 달라졌다고. 예전
에는 애들 둘 키우면서 '애들을 대학교 어떻게 보낼까?'며 '얘네들
학자금은 어떻게'며 그런 아이들의 미래랑, '우리 노후는 어떻게 할
거'며……. 그래서 적금도 쪼개 들고, 보험도 들고 그러면서 '적금
만기 되면 굉장히 큰데' [하면서] 그런 계획들을 많이 짰던 것 같아
요. 애들 어떻게 할 거고 언제까지 내가 직장생활을 할 거며 집은
어떻게 할 거며… 그런 계획들을 하며 가끔 신랑이랑 밤에 잠 안
자고 통장 꺼내놓고 이야기할 때 되게 재미있었고, 하나하나 다 이
루어가는 게 참 좋았었거든요.

지금은 그런 게 없어진 것 같아요. 딱히 목표, 꿈, 목표라고 그
런 거… 희망이면 대부분 세월호 관련된 진상 규명이 될 때까지,
그게 목표가 돼버린 것 같아요. 그리고 분명히 작은아이를 잘 못
키운 거를 아쉬워하면서도, 옆에 남아 있는 애한테 신경을 못 쓴다
는 거. 동생이 아니고 형이다 보니까, 성인이라고 생각이 돼서 "니
일은 니가 알아서 했으면 좋겠다" 하면서 미뤄두고 좀 그런 쪽이

고. 부부 공동 목표도 없어졌고, 목표는 그냥 세월호 진상 규명이라든가, 이게 몇 년이 갈지 모르니까, 여기에 올인… 목표인 것 같아요.

두 사람이 건강 챙겨서 나중에 어떻게 살고 그런 거는 이야기해 본 지 오래됐고, 큰아이도 지 일 지가 알아서 잘, 공부도 스스로 했으면 좋겠고. 가족 공동 목표도 없어지고 제 개인적인 목표도, 어차피 회사를 몇 년까지 다니고 어떻게 할까 했는데 그게 없어져 가다버렸고. 애 아빠도 직장생활 힘들어해서, 너무 힘들어하길래 제가 "큰애 졸업할 때까지만 일을 합시다. 한 사람은 그래도 일을 해야 먹고 살지 않겠냐?"고 그렇게…. 미래라고 해봐야 신랑이랑 이야기한 게 그게 다인 것 같아요, 애 졸업할 때까지만 직장생활. 그게 한 2, 3년 될 줄 알았는데, 군대 때문에 한 2년이 좀 늘어나긴 했네요. 그 정도고.

다른 사람들이 어떤 계획을 해서 아이들이 뭐 하고 그러면 부럽거나 그러지는 않은 것 같아요. 나하고 상관없는 일, 그런 쪽으로 미뤄지는 것 같고. 좋은 일에 축하도 못 해주겠고, 진심으로 마음이…. 예전 같으면 그런데 지금은 항상 밑바닥에 부러움이 깔려요. 우리 애는 이런 거 못 하는데, 대학교 가고 하는 거. 그래서 저는 신검 고지서, 큰애도 봤는데, 신검[신체검사]받으라고 나온 거 보고 많이 속상하지는 않았어요. 많이 속상해하시는 분들이 계셨는데, 저 같은 경우는 원래 누렸어야 할, 거쳐 가야 될 것 중에 하난데, 남자니까. '그래도 다행히 사망 신고를 안 해서 이것도 받아보네. 차웅이 이름으로 신병[신검]받으라고 이름이 나왔네'. 그것도 저는 책상 위…(웃음)에다가 딱 놓고. 큰애도 어제 보고 "아이, 차웅이, 차웅이" 하면서 보더라고요. 제가 큰애 그게 나왔을 때 되게 놀려먹었거든요. "너도 이제 응… 저기다" 이렇게. 아침에 출근길에 우편함에서 꺼내갖고 사진 찍어서 우리 네 가족이 하던 카톡방에 올려놓고 ○○이 놀려먹고 그랬거든요, 그거 나온다고. 큰애가 "엄만, 아침부터…"(웃음). 제가 짓궂기도 하죠, 우리 아들들한테…. 아들들이다 보니까 그랬는데, 그때 그 생각이 나더라고요. 차웅이도 내가 그랬을 텐데… 못 해서(한숨)….

누가 슬픈 일을 당해도 '나는 자식도 잃었는데' 그런 거, 먼저 항상 그런 게 바닥에 깔리니까 옛날하고 많이 달라진 것 같은. 개인주의도 많이 생긴 것 같고, 옛날처럼 그렇게 해봐야 소용이 없다는 생각. 그리고 항상 마음이 이중적인, 저희가 왔다 갔다 하긴 하는데, 예전에 만나고 챙기고 했던 지인들을 내가 다 포기를 해버렸다는 거, 그런 것들이 많이 달라진 거고. 앞으로도 내가 진심으로 누군가를 만나고 그런 거에 어려움이 있을 것 같은, 어려울 것 같아요, 그런 것들이. 다른 동네 이사 가더라도, 나는 이걸 모르는 사람들하고, '모르는 사람들하고 내가 잘 어울려서 살 수 있을까?' 그런 겁도 나고, 만났던 친구들도 자꾸 잊고…. "친구들도 만나고 해야 되지 않냐, 언제까지 그렇게 할 거냐?"고 그런 것[말]들도 상처가 되고.

〈비공개〉 그니까 저희가 밖에 나가서 웃어도 욕을 먹는 거고,

울어도 욕을 먹는 거고 저렇게 친구들 안 만나고 있는 것도 욕을 먹고, 뒤에서 뭐라 하는 것 같아서요. 언제까지 거기에 매달려서 저렇게 친구들도 안 만나고 모임하고 있으면 나오라고 해도 못 나가고 하니까, 그렇게 조그만 것들이 다 상처고, 사람들 만나는 것도 겁나고, 안 만나고….

한번은 작년에 제가 큰마음 먹고, 12월 달에 송년회라고 하긴 뭐하지만, 몇몇 친구 만나는 데 나갔는데, 이야기하고 먹고 하는데 본의 아니게 안산에 친구 한 명이 있더라고요, 같이 갔는데. 제가 차를 가지고 가서 "있다가 갈 때 같이 가" 그랬는데 그 친구가 2차를 가는 거예요. 사고 없을 때도 저는 수원 같은 데 가면 1차만 하고 항상 왔었거든요. 근데 그 친구가 노래방을 간다고 해서 따라는 갔어요, 어쩔 수 없이 가기는 갔어요. 너무 너무 가기 싫었지만 갔는데 거기에서 맞춰서 흥겹게 놀 수도 없고, 내 마음이 허락하지 않는데…. 근데 그 모임에 자꾸 나오라 했던 그 친구가 제가 가만히 있으니까, 그 친구는 그 친구대로 불편해 하는 거예요. 제 눈치를 보는 거예요. 그러니까 일어나서 박자를 맞추는데, 그 모습이 제 자신이 너무 화가 나고 싫은 거예요. 거기서 나오고 싶은데 그 노는 친구가 또 여자 친구니까 같이 가자 해놓고 혼자 갈 수도 없고…. 그 1시간 반이 진짜 지옥 같았거든요.

그러고 나니까 '역시 아직은 아니구나(한숨), 내가 너무 쉽게 생각했구나' 그거를 느끼면서 다 보기가 싫은 거예요. 그러고 나서 그 친구한테 전화가 오면 받기가 싫은 거예요. 내 눈치를 보는 그 친구한테 미안하면서도 내가 마음이 내키지 않아서, 아무 일 없었던 것처럼 노래를 부르라고 나한테 "한 곡만 불러. 한 곡만 불러" 사정하는 친구도 야속하고. 내 눈치가 보이니까 어쩔 수 없이 나한테 그걸 부탁하는 그 친구 마음도 느껴지면서도 호응을 할 수 없는 제 자신이 너무너무 싫고. 그 자리를 벗어나고 싶은데, 버티는 데에 너무 힘들었어요. 그래도 왔어요, 잘 버티고 왔는데…….

앞으로도 힘들 것 같아요, 친구들 만나고 하는 것들이. 우리는 영원히 우리 유가족끼리 갈 수밖에 없겠다고 하는 게, 점점 사람들한테 벽도 생기고 마음이 닫혀지고, 그래서 앞으로도 유가족들하고 같이 진상 규명하는 데 열심히, 예… 그게 목표인 것 같아요. 그것밖에 없는 것 같아요.

면담자   직장은 참사 후에 그만두신 거예요?

차웅 엄마   그렇죠. 처음에는 3개월로 했다가…. 그때는 너무 충격을 받고, 저희 사장님이 목포까지 그날 저녁에 모든 스케줄 다 취소하고 내려오시고, 무조건 저한테 "마음이 저기할 때까지 쉬시라"고 그랬었는데. 그러면서 인수인계도 못 했고, 중간에 몇 번 부가세 신고라든가 몇 번 갔는데, 전화벨만 울리면 겁이 나는 거예요. '사람들이 다 알 텐데, 다 알고 있는데' [하는 생각이 들어서]. 일을 해봤는데(한숨) 못 하겠더라고요.

또 회사 사무실 밖에 나가는 게 싫은 거예요, 주변에. 저희가 아파트형 공장이거든요. 그 층에 거래처도 있고 옆에, 앞에 다 아는 저기고, 또 그 안에서도 사장님 모임을 했거든요. 사장단들 모임을 했는데, 그분들도 그 건물 안에 다 있죠, 은행이 있죠, 제가 자주 가던 편의점 있고, 커피숍 있고, 식당 있고(한숨) 그런 것들이……. 거기 가서 식당에 밥 먹으러 갔는데 고개를 못 들겠는 거예요. 거기에 밥 먹는 사람이 한 1000명 정도 되거든요. 사람들이 알아볼까 봐… 그냥 제 생각이에요. 그러면서 못 하겠다는 생각이, 그게 3개월이 되고 6개월째 될 때 가가지고 "도저히 못 하겠다"고, 언제까지 부재가 뭐… 제가 없어야 다른 사람을 채용을 하든가 할 것 같아서, 그래서 10월 말부로 그만뒀어요.

지금은 일하고 싶은 마음도 안 들고요. 물론 예전에 직장생활이 꼭 경제적인 것보다도 제 일이 있음으로 해서 여러 가지, 직장생활 다니다 보니까 힘든 것도 있지만 '그래도 다행이다'고 생각을 많이, '나만의 공간, 탈출 공간이 있어서 좋다'는 생각을 많이 하면서 일을 했거든요. 내가 만약 일을 안 하고 집에서 애들만 키웠으면(한숨) 우울증 같은 거 왔을 것 같은데, 그래도 나만의 회사가, 직장이 있고, 나를 인정해 주는 분들이 있고 해서 아이들한테도 내가 "그래도 엄마가 이런 일을 했다. 엄마 대단하지 않아?" 하는 자랑거리도 있었고, 직장생활 하면서 아이들 늘 아침밥 해 먹이는 것, 그 자부심도 가지고 있었고 했었는데.

지금은 목표가 없어졌다 했잖아요. 저도 제 목표가 다 없어졌고, 작년에인가 "일할 생각 없냐"고 전화 왔을 때 "한 달 뒤에는 가능할 것 같애" 제가 그랬거든요, 그때 당시 작년 여름에. 아마 세월

차웅 엄마 김연실

호 유가족들이랑 이야기하면서 오케이라고, 한 달이라는 그 이야기를 했던 것 같애, 제 생각에. "일은 할 수 있는데, 한 달 뒤면 안 될까?" 그랬어요. 바로 마음이 정리가 안 되더라고요. 거기다 또 한 달을 이야기를 해야 되잖아요. 근데 연락이 안 온 거예요. 그래서 '일을 하지 말자' 하고 마음 접었어요.

면담자   오늘 빠진 이야기, 이것은 했어야 했는데 하는 이야기가 있으신가요?

차웅 엄마   글쎄요, 지금은 생각이 안 나는데요. 나중에 집에 가서 생각이 날라나.

면담자   마지막 하나만, 진상 규명이 어머니한테 어떤 의미인지요?

차웅 엄마   글쎄요. 일단 애들이 왜 그렇게 됐는지는, 처음에는 그냥 사고인 줄 알았었으니까. 근데 시간이 갈수록 이거는 그냥 사고가 아닌 것 같다. 예를 들면 교통사고도 우리가 예기치 않은 사고인 거잖아요. 그런 것처럼 '배가 운행을 잘못했든, 날씨가 그래서였든, [그런 이유로] 배가 그렇게 됐다'고 처음엔 생각했었는데, 지금은 누가 봐도 '뭔가 있겠다'는 생각이 많이 드니까. 아이들의 죽음이 우리 애가 그렇게 된 것이 억울하다는 생각이 드는 거예요, 자꾸. 그리고 우리는 사람들한테 온갖, 우리는 자식을 잃은 유가족인데 부모일 뿐인데 빨갱이 소리를 왜 들으며 왜 시체팔이라는 이야기를 들어야 되는지……. 당연한 권리고, 우리가 알아야 할 의무고 권리인데, 알려달라 할 수도 있고 하는 건데 그게 왜 지탄을 받아야 되는지······. 그런 것들이 시간이 지나면서 진짜 이거는···.

그리고 모든 사고는 항상 누구의 잘못인지 따지잖아요. 교통사고, 접촉사고만 나도 누구의 잘못이 있으며 거기서도 몇 대 몇 잘못이 나누어져서 수리비, 하다못해 차 수리비도 너, 나 나누어서 하잖아요. 근데 아이들이 죽었다는 말이죠. 한 명도 아니고 몇 백 명이 죽었어요, 아··· 304명이잖아요. 근데 지금도 저희는 왜 그렇게 사고가 일어나서 애들이, 그리고 또 구조도 누가 봐도 안 한 거잖아요. 그런 것들을 당연히 우리는 알아야 될 권리가 있다고 생각하거든요. 안 알려주잖아요. 그러면 어떻게든 저희가, 싸우든지 뭐를 하든 전쟁을 해서라도 그거는 알아야 될 것 같고. 동네 강아지가 죽어도, 집에서 키우던 강아지가 죽었다 하면 "왜 그렇게 됐냐?"고 물어보고 하는 게 응? 그런데··· 내가 18년 동안 키웠던 자식이 죽었는데 그 이유는 알아야 되잖아요.

그리고 그렇게 만든 사람들, 관련된 사람들 법적인 벌이라도, 저희가 직접적으로 어떤 벌을 주지는 못하지만···. 그리고 이런 사건들을 보면 늘 큰 사건들 났는데, 그동안 처벌을 안 했다 하더라고요. 그러니까 지금도 보면은 돈 받고 뭐 하는 것들··· 지금도 뇌물 많이 나오잖아요, 뇌물 수수도 많이 나오고. 이런 사건이 또 생기면 힘없는 사람들은 또 비참하게 살면서 이런 생활들을 해야 되고, 앞으로 우리가 몇 년을 살지 모르지만 그 남은 세월 동안 저희는, 이게 진상 규명이 된다 해도 저희는 늘 그리움 속에서 살아야 되고(한숨) 그런 것들… 권력을 쥐면 권력 갖고 마음대로 남용하는 사람들… 사실 벌도 주고 싶은 마음이 있어요. 그러고 싶어요. 그래도 저희 마음은 풀어지지 않고… 그럼에도 불구하고 풀어지진 않겠지만 그래도 애들한테, 나중에 만날지 못 만날지 모르지만, "니네들을 그렇게 만든 사람들을 힘없는 엄마들이 힘을 모아서 벌을 줬다" 그러면 저희가 남은 세월을 버티는 데에 조금이라도 위안이 되지 않을까요.

지금도 5·18 어머님들이 35년 동안 싸우고 계시듯이 조금씩, 조금씩 해나갈 때, 살아가는 힘도 되겠지만 그러면서 병도 들겠죠. 병도 들겠지만 애들 사진 보면서 "우리가 그래도 이렇게 버티면서 너희들의 죽음에 대해서 조금이라도 뭔가를 했다. 너네들이 이렇게, 이렇게 해서 희생이 됐다" 이야기할 수 있었으면……. 진상 규명이 저희 부모님들에게는 그런 의미인 것 같아요, 저도 그렇고. 조금이라도 조금…. 그렇다고 미안한 마음이 없어지기야 하겠어요. 그런 의미예요, 진상 규명. 예전 같으면 밖에 눈 오고 그러면 예전에 살던 집에 눈썰매, 우리 차웅이 박스 갖고 가서 타고 그랬는데, 지금은 눈이 와도 그냥 눈이 오는구나. 그리고 비가 오면 슬퍼요, 비가 오면. 비가 오면 왜 슬픈지 모르겠어요. 슬퍼요. 원래 물을 무서워했는데 지금 물은 더 무서워졌어요.

면담자   긴 이야기 해주셔서 감사합니다. 이것으로 구술을 마치도록 하겠습니다.

4·16구술증언록 단원고 2학년 4반 제5권

그날을 말하다 차웅 엄마 김연실

ⓒ 4·16기억저장소, 2019

엮은이 4·16기억저장소 구술팀 ┊ **지원 협조** (사)4·16세월호참사가족협의회
펴낸이 김종수 ┊ **펴낸곳** 한울엠플러스(주)
초판 1쇄 인쇄 2019년 4월 1일 ┊ **초판 1쇄 발행** 2019년 4월 16일
주소 10881 경기도 파주시 광인사길 153 한울시소빌딩 3층
전화 031-955-0655 ┊ **팩스** 031-955-0656 ┊ **홈페이지** www.hanulmplus.kr
등록번호 제406-2015-000143호

Printed in Korea.
ISBN 978-89-460-6728-8 04300
     978-89-460-6700-4 (세트)
* 책값은 겉표지에 표시되어 있습니다.